Bettina Kanthak

Wie Yoga Mr. Fies die Show stahl!

Bettina Kanthak

# Wie Yoga Mr. Fies die Show stahl!

Rediroma-Verlag

Bibliografische Information der Deutschen Nationalbibliothek:
Die Deutsche Nationalbibliothek verzeichnet diese Publikation in der Deutschen Nationalbibliografie; detaillierte bibliografische Daten sind im Internet über http://portal.dnb.de abrufbar.

ISBN 978-3-96103-641-7



www.rediroma-verlag.de
8,95 Euro (D)

## Inhalt

Vorwort ........................................................6

Mein Name ist Fies. Mr. Fies ....................11

Brezel-Yoga? ..................................................20

Meine neuen Gelüste ...................................34

SELBSTLIEBE ..............................................50

Was für ein geiler Traum! .............................66

Zu viel Ehrgeiz! ..............................................83

Die kleine Hütte am See ...............................88

Engelchen und Teufelchen! ..........................99

Ashtanga Marga ...........................................106

Der Sonnengruß ruft! ..................................126

Wahnsinn! ...................................................140

## Vorwort

Noch vor einigen Jahren hätte ich mir niemals vorstellen können, als Yogalehrerin zu arbeiten. Diese Vorstellung wäre für mich undenkbar gewesen. Ich und Yoga! Ich war höchstens in der Lage, mit dem Theraband ein paar leichte Übungen zu machen. Mehr ging nicht! Die Schmerzen ließen es nicht zu.

Jetzt praktiziere ich schon einige Jahre Yoga. Ich bin zertifizierte Yogalehrerin und lizenzierter Ernährungscoach!

Wie alles anfing? Ich war immer ein sportbegeisterter Mensch. Vor ca. zehn Jahren bekam ich einseitige Rippenschmerzen. Daraus entwickelte sich ein chronischer Zustand. Mir ging es dadurch auch psychisch richtig schlecht. Die Angst vor der Angst kam hinzu. Lebensqualität war gleich null. Meine Kalendereinträge bestanden nur noch aus Arztterminen. Es gab keine richtige Diagnose, sondern verschiedene Ansichten, Therapien von verschiedenen Ärzten. Nichts, was für mich greifbar gewesen wäre. Bei einer festgestellten Diagnose hätte ich Medikamente nehmen können, die diese Schmerzen einfach auslöschen. So simpel habe ich damals gedacht. Ich entwickelte eine Art von Galgenhumor. Meinem Schmerz habe ich einen Namen verpasst. Er kommt plötzlich, unerwartet und scharf daher. Wie ein aufdringlicher, ekeliger Besucher, der unerwartet aufkreuzt und den du nicht mehr loswirst. Ich nannte ihn Mr. Fies!

Irgendwann, vor langer Zeit, saß ich wieder einmal im Behandlungszimmer. Der Orthopäde schaute mich intensiv mit dem Kopf in einer leichten Schieflage gesenkt an. Ich spiegelte ihn. Ich schaute ihn auch sehr intensiv an. Den genauen Wortlaut kann ich natürlich nicht wiedergeben. Es war ungefähr so: „Frau Kanthak, Sie sind austherapiert! Sie müssen sich wohl mit den Schmerzen abfinden. Was mir noch einfällt, damit es vielleicht nicht schlimmer wird … Versuchen Sie es doch mit Yoga!“

Ich weiß bis heute nicht, ob mein Arzt einfach nur die Situation auflockern wollte, weil er vielleicht meinen verkrampften Gesichtsausdruck nicht mehr ertragen konnte.

Meint er denn wirklich mich? Es handelt sich hierbei bestimmt um eine Verwechslung mit einem anderen Patienten. Yoga ist nichts für mich, dachte ich.

Dieser Vorschlag meines Arztes war quasi der Startschuss! So fing es eigentlich an. Tja – und was dann alles so geschah, erzähle ich dir gleich.

Dieses Buch schreibe ich für mich, um alles noch mal zu reflektieren und aufzuarbeiten. Es hat sich viel in meinem Leben verändert. Ich habe in dieser Zeit einige Rückschläge erlebt. Jeder

Schritt zurück hat mich aber immer stärker gemacht. Ich weiß, dass Yoga einen ganz großen Anteil an meiner mentalen Stärke hat. Glaubt mir. Ich fühle mich manchmal frei wie ein Adler. Es klingt ein bisschen komisch und befremdlich. Ich kann es aber nur so beschreiben.

*Die schwierigste Zeit in unserem Leben ist die beste Gelegenheit, innere Stärke zu entwickeln.*
*– Der Dalai Lama*

Ich wollte durch Yoga meine Schmerzen loswerden und das ist mir auch soweit gelungen. Durch Entspannungstechniken habe ich gelernt, mit meinen Schmerzen, wenn sie doch anklopfen, besser umzugehen.

Zusammenfassend fühle ich mich heute physisch und psychisch stark. Durch meine regelmäßige Yogapraxis haben sich einige Sichtweisen über Situationen, Menschen, Dinge verändert. Ich sehe jetzt vieles kritischer und mache mir so meine Gedanken über Dinge, die auf unserem noch blauen Planeten so passieren.

Ich möchte dich mitnehmen auf meine Reise und dir zeigen, wie mein Leben dank Yoga bunter geworden ist. Wie ich das geschafft habe, möchte ich gerne weitergeben.

Im übertragenen Sinne ist Yoga vergleichbar mit einem riesigen Werkzeugkasten, aus dem du dich immer wieder bedienen kannst. Mit zunehmender Yogapraxis weißt du, welches Werkzeug du brauchst, um ein positives Lebensgefühl erreichen zu können. Vielleicht bieten einige meiner Erfahrungen neue Ansätze für diejenigen, die sich in ähnlichen Lebenssituationen befinden. Yoga hat mein Leben ganz schön auf den Kopf gestellt. Ich erzähle dir, wie ich meine Ausbildung zur Yogalehrerin erlebt habe und wie das ganzheitliche indische Gesundheitssystem sogar meine Ernährungsgewohnheiten verändert hat.

Meine Geschichte soll aber auch den Menschen, die gerade eine schwere Phase durchleben, Mut machen, Hoffnung und Zuversicht schenken. Wieder aufstehen, wenn es wieder einen Rückschlag gibt. Einfach weitermachen! Es ist sehr mühselig und kostet sehr viel Kraft. Ich spreche da aus meinen eigenen Erfahrungen. Wie oft war ich echt verzweifelt. Wieso eigentlich ich? Was habe ich verbrochen, dass ich so vom Leben gefickt werde. Was für ein schlimmes Wort! Die Schmerzen haben mich oft richtig wütend gemacht, dass ich so empfunden habe. Ich habe aber in der ganzen Zeit nie ans Aufgeben gedacht. Der kleinste Strohhalm war meiner und ich habe mich daran festgekrallt. Es hat sich gelohnt. Das Leben ist einfach zu wertvoll, um zu resignieren.

Apropos schlimme Wörter. Ich schreibe das Buch so, wie ich reden würde und zum Teil auch gefühlt habe. So kann ich mich ehrlich und authentisch ausdrücken.

## Mein Name ist Fies. Mr. Fies

Ich liege nach dem Yoga noch ganz entspannt in meiner Decke eingehüllt. Blicke aus dem Fenster und schaue mir das schöne Wolkenspiel an. Ich lasse mich treiben bei guter Musik. Ein Flugzeug kreuzt meinen Blick. Plötzlich läuft dieser Film vor meinen Augen ab. Ich sitze im Flieger nach Mallorca. Es sind so ungefähr noch zehn Minuten bis zur Landung. Er ist wieder da! Dieser einschießende Schmerz zwischen den Rippen (linke Seite), der nur noch eine flache Atmung zulässt.

Ich schaue mir diese Bilder im Kopf genau an. Lasse diese Aufnahme nicht einfach weiterziehen.

Es war alles wieder so klar und deutlich! Es wurde mir wieder deutlich, wie scheiße es mir damals ging.

Aber alles auf Anfang. Der Schmerz kam plötzlich und unerwartet. Wie aus dem Nichts. Er war scharf, stechend. Das Atmen fiel mir schwer. Jeder Atemzug war wie ein Messerstich zwischen den Rippen. Dieses Spektakel dauerte mehrere Minuten. Es blieb ein dumpfes Gefühl auf der Rippenseite.

Ich ging zum Orthopäden. Kurz ein paar gezielte Griffe und ich spürte Besserung. Am Anfang war das auch kein Drama. Ein paar Wochen später tauchte der Schmerz plötzlich wieder auf. Ich suchte meinen Orthopäden wieder auf. Er hat mich wieder mobilisiert und es war wieder okay. Dieser Ablauf wiederholte sich einige Male. Ihr kennt bestimmt den Film „Und täglich grüßt das Murmeltier“. So fühlte ich mich. Alle zwei Wochen landete ich wieder bei meinem Arzt. Ohne Termin musste man als Notfallpatient um 8.00 Uhr morgens da sein.

Die Schmerzen kamen jetzt in kürzeren Abständen. Besonders ärgerlich war es, wenn ich mich so richtig auf ein Ereignis gefreut habe. Ein romantisches Essen in einem schönen Restaurant endete mit einer frühzeitigen Verabschiedung wegen der Schmerzen. Du kennst diese Familienfeiern, wo alle lange am Tisch sitzen und reden, trinken, essen und endlos reden. Das war der Horror für mich. Ich konnte nicht lange am Tisch sitzen. Ich wurde immer unruhiger, weil ich schon Panik hatte. Ich glaube, einige dachten schon, ich hätte einen an der Klatsche. Einige Familientreffen habe ich dann ausgelassen. Mir fehlte einfach die Kraft und Lust dazu. Ich hatte aber auch wirklich keinen Nerv, jedem meine Geschichte zu erzählen. Chronische Schmerzen rauben Energie, Lebensfreude, Leichtigkeit.

Ein gemütliches Treffen mit der Freundin wurde wegen der Schmerzen abgebrochen. Lange Autofahrten waren der blanke Horror für mich. Wir mussten einige Rastplätze anfahren, damit ich mich richtig dehnen und strecken konnte. Nachts konnte ich nur noch auf dem Rücken liegen oder auf der rechten Seite. Der Schmerz kam immer plötzlich und unerwartet. Er war einfach fies und ist es zum Teil heute noch. Ich entwickelte eine Art Galgenhumor. Ich gab diesem Monster einen Namen. „Darf ich vorstellen? Mr. Fies."

Ich war früher wirklich ein fröhlicher Mensch, der viel gelacht hat und sich richtig beömmeln konnte. Ich wurde immer ernster und fast depressiv. Ich hatte auf nichts mehr Lust.

Das schlimmste Erlebnis erlebte ich im Flugzeug, kurz vor der Landung auf Mallorca. Auch da nahm Mr. Fies keine Rücksicht auf mich. Der Schmerz kam im Flieger. Ich fühlte mich dem Schmerz einfach hilflos ausgeliefert. Ich hatte eh schon Flugangst. Eigentlich nicht so dramatisch. Aber fliegen löste schon immer bei mir ein unangenehmes Gefühl aus. Ich wollte einen ganz entspannten Urlaub erleben. Den ganzen Urlaub verbrachte ich völlig verkrampft entweder am Strand oder im Hotel. Ich malte mir die schlimmsten Szenarien aus. Schön relaxt am Strand? Nein, nicht für mich. Die Angst vor der Angst schlich sich langsam an. Meine Gedanken drehten sich nur noch um eine Frage! Wann und wo kommen die Schmerzen? Ich konnte keine klaren Gedanken mehr fassen. Wann hört dieser Albtraum endlich auf?

Während ich jetzt alles aufschreibe, merke ich wie mich dieses Kapitel in meinem Leben wieder richtig aufwühlt.

Nach dem Urlaub gab mir mein Arzt eine Überweisung zum MRT.

Eine leichte Skoliose an den Rippen wurde festgestellt. So eine leichte Skoliose verursacht diese fiesen Schmerzen? Ich bekam Krankengymnastik und TCM verschrieben.

Erklärung TCM: Akupunktur ist ein Teil der Traditionellen Chinesischen Medizin. Es werden durch das Nadeln an spezifischen Punkten des Körpers die körpereigenen Heilungskräfte aktiviert.

Zusätzlich wurde mir einmal wöchentlich Funktionstraining in Form von Trockengymnastik verschrieben. Diese ganzen Maßnahmen gaben mir Zuversicht und eine Art Sicherheit, dass jetzt alles besser wird.

Meine Wochen waren schön mit Terminen ausgefüllt. Ich hatte so das Gefühl, dass ich jetzt aktiv gegen diese Schmerzen angehen konnte. Der organisierte Tagesablauf ließ mich zumindest nicht so viel grübeln. Das Kopfkino hatte so Pause. Nachts fuhren die Gedanken natürlich wieder

Achterbahn. Im Schnitt kam ich so auf vier Stunden Schlaf pro Nacht.

Ja und dann fing meine Donnerstagsgruppe an. Es war nur eine halbe Stunde Funktionstraining. Das Ziel ist die Kräftigung der Muskulatur, Förderung der Beweglichkeit sowie Schmerzlinderung. Wahlweise werden die Übungen durch Kleingeräte, wie Bälle oder Therabänder unterstützt. Die Teilnehmer sollen motiviert werden, nach Ende der Maßnahme mit den Übungen selbstständig weiterzumachen. Es war eine kleine Gruppe. Wir saßen alle im selben Boot. Am Anfang war ich ja skeptisch. Nach ein paar Wochen fühlte ich mich pudelwohl in der Gruppe. Wir haben während dieser halben Stunde viel gelacht und gescherzt.

Rein körperlich passiert im Körper sehr viel, wenn du lachst. Alleine schon die Bewegung des Mundes nach oben signalisiert dem Gehirn, dass wir glücklich sind. Zur Belohnung gibt es eine dicke Ausschüttung von Glückshormonen. In Stresssituationen wird durch das Lachen der Ausstoß der Stresshormone Adrenalin und Cortison verlangsamt. Das Lachen bewirkt, dass wir unseren Körper mit viel Sauerstoff versorgen. Die Organe freut es und wir haben viel mehr Energie. Sehr beeindruckend ist es auch, dass durch Lachen die Produktion von entzündungshemmenden und schmerzstillenden Stoffen im Blut angeregt wird. So können Schmerzen gelindert werden. Wenn es mir an manchen Tagen schlecht geht, wende ich diesen Trick an. Ich lächele den Schmerz sozusagen weg!

Es war der Schritt in die richtige Richtung. Ich fühlte mich schon besser. Körperlich waren es nur leichte Fortschritte. Meine psychische Verfassung war weitaus besser. Die Gruppe tat mir sehr gut. Ich kann jedem dazu raten, sich einer Gruppe anzuschließen oder therapeutisch Hilfe zu suchen. Familie und Freunde können dir natürlich auch die Kraft und Unterstützung geben. Und das ist gut und sehr wichtig für die Seele. In einer Gruppe trifft man halt Menschen mit ähnlichen Problemen. Man motiviert sich gegenseitig.

Die Monate vergingen schnell. Langsam entwickelte ich einen gewissen Ehrgeiz. Ich kaufte mir Therabänder, einen Petzyball und leichte Gewichte. Unser Wohnzimmer wurde langsam zum Fitnessstudio umgebaut. Die Hunde freuten sich auch, weil sie es durchaus cool fanden, dass Frauchen mit immer mehr Spielzeug das Wohnzimmer in ein Hundeparadies verwandelte. Die Therabänder wurden erstmal schön zerfetzt und die Bälle flogen überall in der Bude rum. Die Hauptsache war doch, dass unsere Hunde richtig Spaß hatten.

Ich fing an, jeden Abend so eine halbe Stunde zu üben. Später stellte ich mir ein kleines Programm zusammen. Ich war aber zu ehrgeizig und gönnte meinem Körper keinerlei Auszeit. Meine Handgelenke schmerzten. Ich fing dann an jeden zweiten Tag zu trainieren. Den trainingsfreien Tag habe ich dann genutzt, um meinen Hunden zu zeigen, wer hier der Chef im Hause ist. Nein, Spaß beiseite. Meine Hunde sind für mich meine kleinen Therapeuten mit Fell und vier Pfoten. Sie erkennen sofort, wenn meine psychische Kraft nachlässt. Sie stupsen mich an und holen mich dann aus dem Loch heraus. Sie sind wild und quirlig. Wir haben die beiden vor acht Jahren für ein Wochenende aus dem Tierheim geholt. Sie haben ein wildes ungarisches Temperament. Wir haben Jeany und Peppy nicht mehr zurückgebracht.

Anfang diesen Jahres ist die kleine Jeany gestorben. Sie ist friedlich im Bett eingeschlafen und nicht mehr aufgewacht. Ich schreibe über unsere Hunde immer in der Gegenwart, weil Jeany immer für uns präsent sein wird. Wir vermissen sie sehr!

*Wer sagt, GLÜCK*
*kann man nicht anfassen,*
*hat niemals einen HUND gestreichelt*

Am Anfang fiel es mir schwer, regelmäßig zu üben. Es gab ja 1000 Gründe, andere Dinge zu tun. Ich suchte nach Ausreden. Ich bin zu schlapp. Ich muss noch in den Garten. Die Freundin dringend anrufen. Der Anfang war wirklich nicht leicht. Den inneren Schweinehund gibt es wirklich. Und es gab noch einen gewissen Mr. Fies. Meinen tiefen Schmerz. Der meldete sich dann wieder in purer Regelmäßigkeit. Ich habe danach angefangen, meine Übungen konsequent durchzuführen. Es gab keine Ausreden mehr. Ich wollte diesen fiesen Besucher loswerden.

Apropos Schweinehund! Bei allen guten Vorsätzen ist es wichtig, einen wirklichen Grund zu haben. Du musst es wirklich wollen. Bei mir war es im zweiten Anlauf der feste Wille, diese Schmerzen endlich auf eine einsame Insel zu verbannen. Ich kannte da wirklich keine Gnade mehr!

Rein physisch ist das mit dem inneren Schweinehund folgendermaßen: Studien belegen, dass es mindestens 21 Tage braucht, ohne Unterbrechung, bis das Gehirn die neue Gewohnheit gespeichert hat. Das habe ich auch mit meinen abendlichen Jieper auf Schokolade getestet. Es war eine unstillbare Lust auf Schoki. Drei Wochen hielt ich durch und naschte keine Schokolade. Am 22.Tag habe ich wieder angefangen. Nein, Scherz beiseite. Ich habe nicht mehr das Verlangen, mich jeden Abend an diesen magischen Schrank anzuschleichen, um begeistert festzustellen, welche Süßigkeiten ich mir gekauft habe. Es war eine echte Sucht. Jetzt gönne ich mir natürlich auch meine

Riegel. Aber dieses totale Verlangen ist verschwunden. Also, diese Studie stimmt schon!

Wenn du einen guten Vorsatz hast, überlege dir einen wirklich wichtigen Grund oder Wunsch, warum du anfangen willst. Das Gefühl, wenn du dann dein Ding durchgezogen hast, ist einfach unschlagbar gut. Es gibt dir einen Motivationsschub für weitere Dinge!

Es vergingen viele Wochen. Ich hatte eine gewisse Routine entwickelt. Vergleichbar mit Zähneputzen. Meine Matte und ich waren ein eingespieltes Team inklusive Equipment. Im Urlaub waren wir das unschlagbare A-Team.

Mental ging es mir eigentlich gut. Körperlich waren es leider immer noch zu kleine Fortschritte. Immerhin musste ich nicht mehr alle zwei Wochen zu meinem Orthopäden. Die ständige Angst wurde auch weniger. Trotzdem waren die Schmerzen, wenn sie anklopften, sehr heftig.

So saß ich mal wieder nach einer schlimmeren Schmerzattacke im Behandlungszimmer meines Arztes. Er schaute lange in den Computer und dann zu mir.

Was er mir dann vorschlug, veränderte mein ganzes Leben.

**Brezel-Yoga?**

Es war mir richtig unangenehm. Dieses warten auf irgendeine Reaktion. Kennst du das auch? Was kommt jetzt? Furchtbar! Oh, ein plötzliches Räuspern … Mein Arzt schaute auf den Bildschirm. Dabei verzog er sein Gesicht so komisch! Ich konnte nichts aus dieser Grimasse lesen.

Dann plötzlich kam ein Satz heraus, wie aus der Pistole geschossen! „Frau Kanthak, Sie sind austherapiert."

Ich war noch ganz benebelt von der minutenlangen Stille und dann plötzlich dieser Schuss. Bam! Es schossen mit jetzt viele Gedanken durch den Kopf. Was bedeutet das denn jetzt? Ist es eine Art Abschiedsgruß? „Adieu, lieber Patient. Hab noch ein gutes Leben. Wir können nix mehr für dich tun!"

Ich habe gegoogelt und die genaue Definition lautet: Als austherapiert gilt ein Patient, wenn die kurativen Behandlungsmöglichkeiten seiner Erkrankung erschöpft sind und keine weiteren Therapieoptionen mehr bestehen, die zu einer Heilung oder erheblichen Besserung des Gesundheitszustandes führen können. ( Doc Check Flexikon)

Sollte jetzt meine wichtige Stütze fallen? Mein Orthopäde war die Anlaufstelle für mich, wenn ich Schmerzen hatte. Während ich so über all das nachdachte, schoss schon der zweite Satz raus.

„Frau Kanthak, versuchen Sie es doch mal mit Yoga.“

Jetzt war ich vollkommen verwirrt. Aber eigentlich dachte ich, dass mein Arzt jetzt verwirrt ist. Erst verschreibt er mir Funktionstraining mit quasi leichter Gymnastik, die nicht wirklich für mich den durchschlagenden Erfolg brachte. Jetzt soll ich mich verbiegen wie eine Brezel? Vielleicht liegt auch eine Verwechslung mit einem anderen Patienten vor. Ja, das wird es sein. Ich bleibe hier sitzen und warte … Das klärt sich alles die nächsten Minuten auf. Irrtümer sind rein menschlich.

Dann setzte wieder diese Stille ein. Mein Arzt blickte mich auffordernd an. Um diese unangenehme Situation zu lockern, holte ich zum Gegenschlag aus. „Yoga ist nix für mich. Nicht bei diesen Schmerzen.“

Wir haben das Gespräch dann relativ schnell beendet. Es gab jetzt nichts weiter mehr zu fragen meinerseits.

Zuhause angekommen habe ich mir schnell eine Tasse Kaffee gemacht und dann ging es ab an den PC. Ich habe den Begriff „ Yoga“ gegoogelt und mir Bilder angeschaut. Und was ich dann sah, bestätigte eigentlich meine Ansichten über Yoga. Überwiegend Frauen mit tollen, jungen Körpern in tollen Sportklamotten, figurbetont und sexy. Überwiegend in Posen , die ich Brezel-Yoga nannte. Asanas (Haltungen), die für mich unerreichbar waren und bis heute sind. Ehrlich gesagt haben mich diese Bilder sehr abgeschreckt. Der PC wurde wieder ausgestellt und ich widmete mich anderen Dingen. Für mich war das Thema Yoga erstmal erledigt.

Die Monate verstrichen. Bin wie immer in meine Donnerstagsgruppe gegangen. Ich fing auch an, mein eigenes Trainingsprogramm zu entwickeln. Es bestand aus Elementen des Funktionstrainings. Zusätzlich kamen leichte Gewichte hinzu, um die Armmuskulatur zu stärken. Es machte mir Spaß, Sequenzen zu erstellen. So entwarf ich ein auf mich abgestimmtes Programm unter Berücksichtigung meiner körperlichen Einschränkungen. Später entwarf ich dann mehrere Programme, die unterschiedliche Muskelgruppen ansprachen. So konnte ich jeden Tag trainieren ohne bestimmte Muskeln zu überlasten. Es entstanden sehr abwechslungsreiche Trainingseinheiten. Das Thema Yoga war für mich erst mal vom Tisch.

Die Monate vergingen relativ schmerzfrei. Ausgerechnet im Urlaub an der Nordsee holte Mr. Fies wieder zum Gegenschlag aus. Sehr heftig, einschießend und plötzlich. Ich weiß noch genau, was ich in diesem Moment gemacht habe. Ich saß mit meinem Freund und den Hunden in einer Fischbude direkt am Strand. Es war ein toller Tag am Meer mit viel Sonnenschein. Wir waren alle so entspannt. Selbst die Hunde konnten so wunderbar relaxen.

Es war wieder so typisch für diese Zeit. Kaum hatte ich die Schmerzen aus dem Kopf und fühlte mich gut, kamen sie umso heftiger daher. Der Schmerz hielt so fünf Minuten an und übrig blieb wieder dieses dumpfe Gefühl zwischen den Rippen.

Die folgenden Urlaubstage konnte ich natürlich nicht genießen. Zu stark standen wieder diese Ängste im Vordergrund. Ich suchte krampfhaft nach einer Lösung. War natürlich nicht möglich. Das Gespräch von damals mit meinem Arzt wurde in meinem Kopfkino wieder präsenter.

Ich informierte mich im Netz über Anbieter in meiner Umgebung. Ich will jetzt nicht über die vielen verschiedenen Yoga-Arten sprechen. Ich weiß nur, dass ich damals ziemlich überfordert war, den richtigen Kurs für mich zu finden. Ich nahm an einigen Yogastunden teil. Yoga für Anfänger mit guten Lehrern. Es war aber leider kein Lehrer dabei, der auf meine körperlichen Einschränkungen gut eingehen konnte. Sie waren wirklich gute Lehrer. Es ist aber sehr wichtig, dass die Chemie zwischen Lehrer und Schüler stimmt. Ich habe einige Schulen ausprobiert. Leider gab es auch schlechte Yogalehrer. Sie bildeten aber zum Glück die Ausnahme. Wenn ich heute darüber nachdenke, war es sogar sehr fahrlässig. Ich war Anfänger und habe natürlich den Anweisungen meines Lehrers vertraut. Ich sollte noch mehr in die Dehnung reingehen. Es wäre noch genügend Spielraum drin. Das waren die Worte des Yogalehrers. Das Resultat waren große Schmerzen. Ich hatte keine Lust mehr auf Yoga.

Monate vergingen … Einige Asanas baute ich in meinem Übungsprogramm ein. Ich brauchte aber einen Lehrer, der mir die Übungen richtig zeigen konnte und gegebenenfalls korrigiert.

Einen letzten Versuch wollte ich noch starten. Ich hatte mir einen sanften Yogakurs herausgesucht. Die genauere Beschreibung war Golden Age 55+

Der Kurs fand immer montags Vormittags statt. Im Vorfeld klärte ich einige Fragen telefonisch mit dem Yogalehrer ab. Ich erzählte ihm von meinen körperlichen Einschränkungen und meinen Ängsten diesbezüglich. Ich war mir so unsicher, ob Yoga für mich gut ist. Er lud mich zu einer Schnupperstunde ein. Seine ruhige und entspannte Stimme am Telefon wirkte auf mich sehr beruhigend.

Ich wollte nicht aufgeben! Immer öfter lief ein Film in meinem Kopf ab. Der war so schlimm! Ich sah ein Bild von mir so in ca. 15 Jahren. Eine Frau vom Leben gezeichnet. Sie kann nicht mehr gut laufen. Sie bleibt immer in ihrem Haus und hat sich eingeigelt, weil sie unter Panikattacken leidet. Sie wird geplagt von Schmerzen und sie pumpt sich mit schweren Medikamenten voll, um die Schmerzen einigermaßen zu ertragen. Nein, ich wollte in Zukunft ein schönes Bild von mir sehen. Ich wollte diesen ganzen Scheiß nicht mehr. Ich wollte wieder weinen, vor Freude und nicht, weil ich Schmerzen habe. Ich wollte ein leichtes Leben voller Spaß. Ich wollte wieder viel lachen und unbeschwert leben. Ich wollte wieder die Frau sein, die unter diesen vielen Schichten von Traurigkeit vergraben liegt. Eine lebensfrohe Frau.

Ich bin dann montags in die Schnupperstunde gegangen.

Die Schule lehrt in der Tradition von Swami Sivananda. Dieser Yoga-Stil trägt den Namen seines Gründers. In der Mitte seines Lebens zog er sich aus seinem Arzt-Beruf zurück. Am Fuße des Himalaya gründete er seinen bekannten Ashram. Ein Ashram ist ein klosterähnliches Meditationszentrum.

Von dort aus breitete sich Sivananda-Yoga über die ganze Welt aus. Neben der Yoga-Praxis lehren Sivananda-Schulen auch yogische Lebensführung.

Ich hatte richtiges Lampenfieber. Eine innere Unruhe zog auf. Mein Darm spielte sein eigenes Orchester. Ich bin dann in die Klasse gegangen. Die Atmosphäre war entspannt. Es war eine kleine

Klasse, schätzungsweise acht Frauen im Alter zwischen 50 und 80 Jahren. Ich nahm mir eine Decke, Kissen und steuerte die einzige freie Matte an. Ich stellte mich kurz vor.

Dann betrat der Yogalehrer den Raum. Hörte ich vorher noch verschiedene Gesprächsfetzen, wurde es plötzlich ganz still. Ehrlich gesagt war es mir sehr unangenehm, weil mein Magen-Darm anfing, jetzt erst recht richtig loszulegen. Ich versuchte es mit ignorieren und mich auf die Stunde zu konzentrieren.

Die Yogastunde wurde mit einer Anfangsentspannung eingeleitet. Wir lagen alle in Shavasana, auch Totenhaltung genannt.

In dieser Haltung üben wir sozusagen das Sterben, um neu geboren zu werden. In dieser Position auf dem Rücken liegend kannst du optimal entspannen.

Mir ist es an diesem Morgen nicht gut gelungen. Mir war es sogar unangenehm die Augen zu schließen. Ich war schlicht und ergreifend zu aufgeregt.

Es lag aber nicht nur an der inneren Aufregung. Ich war nicht mehr in der Lage, mich zu entspannen. Durch diese ständigen Schmerzen und der Angst vor den Schmerzen war es mir unmöglich, zur Ruhe zu kommen. Eigentlich durfte ich mich nur richtig ausruhen, wenn ich schlafen konnte. Eine schlimme Erkenntnis.

Die Asanas (Haltungen) waren für mich kein Problem. Ich hatte schon ein gewisses Grundwissen durch Yogakurse erworben.

Ich bin dann regelmäßig zum Yoga gegangen. Einen größeren Rückfall gab es aber noch. Nach drei Wochen bekam ich eine größere Schmerzattacke. Mr. Fies hatte wieder richtig zugeschlagen.

Über Whatsapp sendete ich meinem Lehrer eine Nachricht. Ich schrieb ihm, dass ich große Bedenken habe weiterzumachen.

Wenn ich so an die Zeit zurückdenke, fällt mir auf, dass ich immer sehr schnell aufgegeben habe. Die Schmerzen waren da und das war dann die Bestätigung für mich, dass ich das nicht schaffen kann. So war ich also fast wieder so weit aufzugeben. Ich vertraute weder meinem Yogalehrer noch vertraute ich meinem Körper.

Er antwortete mir mit einer Sprachnachricht über Whatsapp. Mit ruhiger Stimme riet er mir dazu weiterzumachen. Ich weiß noch den genauen Wortlaut. „Bettina, dein Körper ist diese Bewegung nicht gewöhnt. Deine Beschwerden können sich jetzt leicht verschlechtern. Gib deinem Körper Zeit, um sich an die Abläufe zu gewöhnen. Versuche weiterzumachen. Lerne deine körperlichen Grenzen kennen und zu akzeptieren.“ Diese Sätze waren so logisch und wertvoll für mich in diesem Moment.

Es baute sich ein Bild in meinem Kopf auf. Ich sah einen riesigen Werkzeugkasten mit viel Werkzeug drin. Ich hatte die letzten Jahre das richtige Werkzeug einfach nicht gefunden. Mein Yogalehrer hat es mir dann gereicht.

Seine Sätze leiteten die Wendung ein. Natürlich nicht sofort.

Ich bin dann wieder zum Yoga gegangen. Anfangs habe ich die Übungen extrem vorsichtig praktiziert. Manche Asanas habe ich auch ausgelassen. Zu groß war die Angst in mir, die Schmerzen könnten sich wieder melden.

Mit der Zeit wurde ich dann mutiger. Es war Sommer und mein Körper fühlte sich durch die Wärme automatisch schon geschmeidiger an. Im Winter kamen die Schmerzen öfters, weil die Muskulatur sehr hart war. Eine kleine Bewegung reichte dann aus, um die Schmerzen auszulösen.

Der Sommer brachte dann Linderung. Ich versuchte auch einige Asanas in mein abendliches Übungsprogramm einzubauen. Ganz vorsichtig und behutsam in einem ganz langsamen Tempo. Ich war eine längere Zeit schmerzfrei und wurde dadurch ruhiger und entspannter. Es tat unheimlich gut.

Ich konnte beim Yoga jetzt auch mehr in die Tiefe eintauchen und die Atemführung einbeziehen.

Am Anfang stockte mir bei einigen Asanas der Atem. Ich habe quasi den Atem angehalten, um mich auf die Haltung zu konzentrieren. Besonderes Beispiel dafür ist der Baum. Ich wollte unbedingt lange auf einem Bein stehen. Ich habe gedacht, dass ich dann das Gleichgewicht unter Kontrolle habe, wenn ich den Atem anhalte. Das war natürlich Quatsch.

Die Atmung spielt beim Yoga eine sehr große Rolle. Sie ist stark an Emotionen geknüpft. Es gibt dazu auch Redewendungen wie: Mir stockt der Atem. Wenn man sich in stressigen Situationen befindet, bleibt einem oft die Luft weg. Die Atmung wird flach. Wir bekommen einen trockenen Mund.

Atmest du immer wieder zu schnell und oberflächlich, wird dein Körper mit zu wenig Sauerstoff versorgt. Auf der anderen Seite wird durch die oberflächliche Atmung zu wenig Kohlendioxid abgeatmet. Wir fühlen uns auf Dauer schwach und krank.

Natürlich ist Stress in unserer Zeit ganz normal und kann auch sogar förderlich sein und dich zu größeren Leistungen beflügeln. Es kommt hier auf die Dosis an. Zu viel Stress ist auf körperlicher und geistiger Ebene auf Dauer sehr ungesund. Der Blutdruck steigt. Es kann zu Schlafstörungen kommen. Herz-Kreislauf-Erkrankungen können entstehen.

Die ruhige und tiefe Atmung senkt den Blutdruck, lässt dich sanft zur Ruhe kommen. Du schläfst besser. Aus eigener Erfahrung kann ich sagen, dass gewisse Atemtechniken Angstzustände mildern oder sogar ganz beseitigen können.

Der Atem ist der Schlüssel beim Yoga und bildet ein wichtiges Werkzeug in der Praxis.

Du lernst deinen Atem zu verlängern. Du atmest durch die Nase ein und aus. Er sollte beim Yoga fließen ohne Druck und Anstrengung. Er führt dich durch die Bewegung beim Ausführen der Asanas. Du kannst einfach loslassen und dein Kopfkino ausschalten. Vorausgesetzt du übst regelmäßig.

Wird dein Atem zu schwer und stockend, zeigt das deine Belastungsgrenze bei der Ausübung der Asana an.

Wie schon vorher erwähnt, war ich anfangs nicht in der Lage, mich beim Yoga zu entspannen.

Es dauerte Monate, bis sich langsam körperlich wie auch geistig ich wirkliche Entspannung spürte.

Wenn bei mir das Kopfkino wieder zu Höchstleistungen aufläuft und ich so eine innere Unruhe spüre, dann habe ich in meinem großen Werkzeugkasten ein super Werkzeug parat.

Eine für mich sehr effektive Übung möchte ich dir kurz vorstellen. Du kannst die Übung im Stehen, Sitzen, Liegen ausführen. Ganz egal! Beim Einatmen denkst du eins. Beim Ausatmen denkst du eins. Beim Einatmen denkst du zwei. Beim Ausatmen denkst du zwei. Du zählst weiter bis zehn. Glaube ja nicht, dass du das so einfach schaffst, bis zehn zu kommen.

Unser Gehirn ist nämlich auf Dauerbetrieb geschaltet. Es wird ohne Pause gefüttert mit Gedanken, Bildern, Gerüchen und Empfindungen. Durch diese Atemübung kannst du diesem Kopfchaos eine Pause gönnen. Du wirst ruhiger und eine Entspannung setzt ein. Du konzentrierst dich nur auf deine Atmung. Wenn du es nicht schaffst, bei der Atemübung bis zehn zu kommen, dann fängst du ganz entspannt wieder bei eins an.

Versuche es mal. Es tut so gut.

Wie gesagt, unser Gehirn ist auf Dauerbetrieb und es prasseln jede Sekunde Informationen, Bilder und Gedanken auf uns ein. Das ist ganz schlichtweg und einfach gesagt der Job von unserem Gehirn. Es ist völlig normal, dass wir uns über viele Dinge Gedanken machen. Bestimmte Gedanken dürfen aber nicht übermächtig werden und unser Befinden negativ beeinflussen. Daran sollten wir arbeiten. Yoga bietet da auch Tools (Werkzeuge) an.

Durch meine tägliche Yogapraxis gelingt es mir heute wirklich loszulassen. Atmung und Bewegung bilden eine wunderbare Einheit. Wenn Gedanken, Bilder, Eindrücke wieder übermächtig werden wollen, dann nehme ich sie wahr, beobachte sie und lasse die Gedanken weiterziehen, ohne sie zu bewerten oder etwas zu erwarten. Ich versuche dann meine Aufmerksamkeit auf meine Atmung zu lenken.

Meine tägliche Yogastunde ist mir inzwischen heilig. Hört sich jetzt ein wenig übertrieben an.

Es ist ein tägliches Ritual. Handy ist tabu. Alle Störfaktoren werden abgestellt. Es gibt nur die Yogamatte und mich.

Ich habe täglich eine Verabredung mit mir selbst. Oder anders ausgedrückt. Ich habe ein Date mit mir selbst. Die Yogamatte ist meine Insel. Manchmal brauche ich die Stille. Dann habe ich das Fenster geöffnet und lausche dem Vogelgezwitscher. So kann ich herrlich entspannen. Wir wohnen jetzt in einem Dorf ohne Verkehrslärm. Bis vor einem halben Jahr wohnten wir direkt an einer verkehrsbelebten Straße. Da habe ich mir immer eine CD mit Vogelgezwitscher angehört. So konnte ich mich auch gut entspannen. Was ich damit sagen will: Du findest überall ein schönes Plätzchen, wo du die Ruhe findest.

Es gibt aber auch Tage, da höre ich meine Lieblingsmusik. Da praktiziere ich Yoga mit Depeche Mode oder U2. Es gibt da keine Regeln. Ich mag beides. Du entwickelst da deine eigenen Vorlieben. Außerdem ist es ja ein Date mit dir. Du willst dich ja wohlfühlen.

Zum Thema Musik zum Yoga, Ja oder Nein, wird ja oft mächtig diskutiert. Im Netz habe ich auch einige Diskussionen verfolgt. In einigen besuchten Yogastunden war es auch immer ein Thema mit viel Gesprächsbedarf.

Es gibt ja sogar Schulen, die bieten Yoga mit Metal Music an. Ursprünglich aus den USA kommend gibt es jetzt auch Anbieter in Deutschland. Es gibt so unendlich viele Möglichkeiten, die Yoga bieten kann. Jeder soll sich das nehmen, was ihm gut tut.

Ich habe viel ausprobiert und mir so meine eigene Yogawelt geschaffen. Ich entdecke jeden Tag neue Dinge aus diesem wunderbaren Werkzeugkasten.

Viel Spaß beim Ausprobieren!

*Manchmal zeigt sich der Weg erst,*
*wenn man anfängt ihn zu gehen.*
*- Paul Coehlo*

## Meine neuen Gelüste

Ich stehe im Bad vor dem Spiegel. Ich übe den Baum und stehe auf einem Bein. Versuche gleichzeitig, mir die Zähne zu putzen. Verliere ab und an das Gleichgewicht. Es macht mir aber Spaß, so meine Multitaskingfähigkeit zu testen. Klappt natürlich nicht ganz so gut.

Wenn ich daran zurückdenke, wie negativ ich über Yoga gedacht habe ... Jetzt baue ich Yoga so ganz nebenbei in meinen Alltag ein. Welches Fazit habe ich daraus gezogen? Tina … du solltest Dinge, die dir unbekannt sind, erst einmal offen und neugierig gegenüber stehen, bevor du gleich negativ darüber denkst! Diese Erfahrung hat mich offen für viele andere Dinge gemacht.

Dadurch ist mein Leben auch um einiges bunter und reicher geworden.

Durch meine Yoga-Routine habe ich ein gutes Körpergefühl entwickelt. Ich kenne meine Grenzen und Bedürfnisse. An einigen Tagen ist mein Körper flexibel und weich. An anderen Tagen merke ich, dass es z.B. leichte Blockaden in meinem Körper gibt. Mr. Fies meldet sich hin und wieder. Es fühlt sich an wie ein Gegenstand, der auf meinen Rippen liegt. Es ist nicht mehr dieser intensive einschießende Schmerz, sondern so ein Versuch durchzukommen, der aber nicht gelingt. In diesen Moment kriecht eine leichte Angst in mir hoch. Durch Entspannungstechniken kann ich mich dann schnell wieder beruhigen. Ich gehe mental einfach platt ausgedrückt viel lässiger mit meinen Ängsten um. Mein Motto lautet: Alles wird gut!

Überhaupt stellen sich bei mir auch seltsame Veränderungen ein. Ich meine jetzt nicht, dass ich mich zu einem anderen Wesen oder Vampir verändert habe.

Ich habe irre Gelüste. Ich meine z.B. mein Essverhalten! Es fing damit an, dass ich nach einer Yogastunde plötzlich zum Kühlschrank stürmte. Ich schaute hektisch von oben bis unten alles durch. Der weiße Topf lag nicht drin. Oh Gott, der Rest war ja auf dem Brot mit der Erdbeermarmelade gelandet. Was jetzt? Schnell zog ich meine Jacke an, nahm die Autoschlüssel und fuhr in den nächsten Discounter. Tja, der Grund, warum ich so schnell losgefahren bin. Ist ... Ich brauchte meine Portion Quark! Schlicht und einfach hatte ich keinen Quark mehr. Ich war auf Entzug! Das ging jetzt schon einige Wochen so. Ich hatte so einen Jieper auf dieses Zeug. Ich dachte schon, irgendetwas stimmt doch nicht mit mir.

Mein Freund wurde auch schon ganz panisch und kaufte rein prophylaktisch Quark in 500-Gramm-Packungen ein. Ich war ohne Quark, sagen wir mal, etwas zu nervig für die Außenwelt.

Es war schon echt seltsam. Ich habe natürlich nicht wie eine Süchtige mit dem Löffel den Quark aus dem Karton ausgekratzt. Nein, um es kultivierter aussehen zu lassen, habe ich mir Müsli eingestreut oder ein bisschen Obst untergemischt.

Im Netz fand ich darüber dann folgendes heraus. Der Körper nimmt sich einfach nach körperlicher Anstrengung das, was er braucht. Nach der Yoga-Praxis schreit mein Körper eben nach Quark, sprich, Eiweiß, Calcium. Wow … zum Glück nichts Schlimmes.

Weiter fiel mir auf, dass ich meinen Lieblingsbäcker plötzlich einfach ignorierte. Ich hatte sonst immer so eine große Lust auf einen Nougatring, dass ich wie hypnotisiert dieses Teil kaufen musste. Ich habe es auch leider nie nach Hause geschafft, um den Nougatring wie ein normaler Mensch mit einer Tasse Kaffee zu genießen. Das Teilchen landete auf dem direkten Weg aus der Tüte heraus in den Mund. Dieser Appetit auf süße Leckereien verschwand einfach. Ich hatte Lust auf leichte und frische Kost. Besonders Obst und Gemüse waren meine Favoriten. Ich war sonst immer ein Fan von Fastfood. Es ging schnell und schmeckte mir damals zumindest gut. Schlichtweg war ich wohl auch zu faul, um selbst zu kochen. Gerade in stressigen Zeiten, wenn es mir dann auch nicht gut ging, griff ich schnell zu Fastfood und Süßigkeiten. Wie gesagt, seitdem ich Yoga praktiziere, hat sich mein Ernährungsverhalten stark verändert. Es geschah nicht von heute auf morgen und war auch nicht geplant. Am Anfang habe ich den direkten Zusammenhang auch nicht so gesehen.

Ich fing an, einfache Gerichte mit frischem Gemüse zu kochen. Anfangs waren es wirklich die simplen Geschichten, wie Pasta mit frischer Tomatensauce. Ich weiß, dass es kein Hexenwerk ist. Bis heute ist es aber meine absolute Lieblingsspeise.

Später fing ich damit an, mir aus dem Internet leckere Gerichte herauszusuchen. Es machte mir richtig Spaß, mit frischen Zutaten zu kochen. Ich muss ganz ehrlich sagen, dass der Zeitaufwand nicht wirklich den Rahmen sprengt. In ca. 20 Minuten kannst du ein tolles Essen mit frischen Zutaten zaubern. Pizza in den Ofen schieben und aufbacken dauert auch so 15 Minuten. Kochen mit frischen Zutaten schont noch ganz nebenbei den Geldbeutel, wenn du dein Obst und Gemüse nach Saisonzeiten einkaufst.

Der Kauf von Fastfood und Fertiggerichten ist in der Regel teurer. Man zahlt schließlich den ganzen Herstellungsprozess mit. Zusätzlich sind die Fertigprodukte mit allerlei Aromastoffen und Geschmacksverstärkern, Verdickungsmittel, viel Salz und Zucker versetzt. Ob du zu viel Salz zu dir genommen hast, kannst du ganz leicht am nächsten Morgen feststellen. Schaue in den Spiegel und du siehst vielleicht verquollene Augenränder? Ich habe mich früher viel von Fastfood und Fertigprodukten ernährt. Ich hatte oft Kopfschmerzen, Sodbrennen und Magendrücken. Diese üblen Zeiten sind jetzt vorbei. Durch den Verzehr von frischem Gemüse und Obst habe ich auch kaum noch mit Erkältungen zu kämpfen. Ich fühle mich einfach gut und vital.

Grundvoraussetzung ist natürlich, dass du dich für Lebensmittel interessierst und dich einfach darin ausprobierst. Du wirst dafür mit Gesundheit und einem gutem Lebensgefühl belohnt.

Das ist ein Ausdruck von Selbstliebe. Diesem Thema habe ich ein Extra-Kapitel gewidmet. Es ist mein Herzensding.

Ich will mir nicht mehr mit irgendwelchen Fertigprodukten den Magen füllen. Nach spätestens einer Stunde kommt die Aufforderung aus Richtung Magen. „ Hallo! Ich brauche dringend Nachschub von dem Zeug mit den großen Zutatenlisten, wo ich nicht weiß, was die bedeuten. Gib mir mehr! Ich werde einfach nicht satt!“

Ich will genießen! Ich will Nahrungsmittel, die wertvoll für mich sind. Produkte, die mir gut tun. Sie sollen meinen Körper stärken und Energie geben.

Es hat bei mir auch lange gedauert bis ich mich wirklich mit meiner Ernährung auseinandergesetzt habe. Es war ein schleichender Prozess. Wie gesagt, auch nicht geplant. Ich habe aber immer mehr Spaß und Kreativität dabei entwickelt. Letztendlich hat mir dieses positive Gefühl, mir etwas Gutes zu tun, eine innere Stärke gegeben. Es ist eine ganz simple Formel. Gutes Essen mit Genuss – gleich Kraft und Energie – gleich Gesundheit. Nein … der Bogen ist nicht zu weit gespannt. Ich kann die Formel auch anders setzen. Schlechtes Essen – gleich Schwäche und Energielosigkeit – gleich Krankheit!

Natürlich gibt es bei uns auch ab und an mal eine Fertigpizza. Ich kaufe mir dann eine Pizza Margherita und tune sie mit frischen Tomaten und Rucola auf. Es ist auch eine Möglichkeit, manchen Fertiggerichten einen Touch von Frische zu verleihen.

Seitdem ich weitgehend auf Fertigprodukte verzichte, fällt mir auch auf, dass meine Geschmacksnerven wieder richtig funktionieren. Früher habe ich gerne einen fertigen Himbeerjoghurt gegessen und fand ihn normal süß. Bei Erdbeeren hingegen habe ich grundsätzlich mit Zucker nachgesüßt. Die schmeckten mir einfach zu fad. Schokolade war für mich auch normal süß. Heute empfinde ich den fertigen Himbeerjoghurt als extrem süß. Erdbeeren haben für mich eine angenehme Süße. Ich empfinde viele Nahrungsmittel in ihrem natürlichen Zustand schon als süß.

Da merkt man erst mal, wie viel Zucker in Fertiggerichten steckz. Zucker ist für die Industrie ein günstiger Geschmacksverstärker. Der Zuckerkonsum steigt so unmerklich an, weil wirklich nahezu jedem Fertigprodukt Zucker hinzugefügt wird. Die negativen Folgen auf unseren Körper brauche ich nicht weiter erläutern. Unsere Geschmacksnerven sind quasi betäubt.

Ein gesunder Snack ist schnell gemacht. Nehmen wir mal einen Joghurt mit Himbeeren oder Erdbeeren vom Discounter. Der besteht dann meistens aus Himbeeren – oder Erdbeeraroma mit viel Zucker drin. Das ist für mich ein riesiger Fake.

Ich kaufe mir lieber einen Naturjoghurt und Obst. Ein purer Genuss, sage ich dir. Das wichtigste jedoch ist, dass du ja dann weißt, was da drin steckt.

Früher war der morgendliche Blick in den Spiegel jedes Mal ein Graus. Mein Gesicht war so angeschwollen. Gerade im Bereich der Augen. Ich hätte bei jeder Halloween-Party einen Preis für die gruseligste Maske abgestaubt. Ich habe es dann auf irgendwelche Allergien geschoben.

An diesen morgendlichen Anblick hatte ich mich schon gewöhnt. An die Kommentare der lieben Leute leider auch. Aber es hat mich schon geärgert.

Erst Jahre später, als ich dann anfing, Fertigprodukte wegzulassen, fiel mir meine neue Gesichtsoptik am Morgen auf. Die Außenwelt nahm meine optische Veränderung auch wahr. Es gab Kommentare wie: „Wow, warst du im Urlaub? Du siehst so erholt aus."

Tja, das Salz und auch Glutamat aus dem „Fertigzeug" waren für die unschönen Einlagerungen im Gesicht verantwortlich. Zu viel Salz ist aber nicht nur als ein kosmetisches Problem zu sehen. Viel wichtiger, zu viel Salz kann uns krank machen. Es kann zu Herz- Kreislauferkrankungen führen und die Nieren schädigen.

In den Fertigprodukten ist einfach zu viel von dem Zeug drin. Das überschüssige Salz bindet Wasser und das führt dann zu diesen unschönen Einlagerungen im Körper. Natürlich braucht der Mensch Salz. Wir nehmen aber zu viel davon auf. Wir greifen schnell zum Salzstreuer, obwohl wir noch nicht probiert haben. In Back-Brotwaren und Fertigprodukten ist auch viel Salz enthalten.

Fertigprodukte meide ich so gut es geht. Ich habe meine Ernährung auf natürliche Zutaten umgestellt. Anstelle von Salz benutze ich gerne Kräuter zum Würzen. Ich habe mir im Garten ein schönes Kräuterbeet angelegt. Die Küche ist auch mit allerlei Töpfchen ausgestattet. Nebenbei verströmen einige Kräuter einen wundervollen Duft. Es gibt jedem Gericht eine besondere Geschmacksnote. So schmeckt für mich ein simples Gericht aus Bratkartoffeln mit Rosmarin einfach unschlagbar gut.

Gerade habe ich ein leckeres Pesto ausprobiert, bestehend aus Basilikumblättern und Pinienkernen, Parmesan, Olivenöl, Knoblauch. Echt einfach gemacht und superlecker.

Oder eine Pfanne mit Aubergine und Zucchini mit vielen verschiedenen Kräutern duftet und schmeckt einfach nach Süden. So, genug vom Essen. Ansonsten muss ich meinen Schreibfluss eben unterbrechen und mir etwas kochen.

Ganz ehrlich, früher war mir das so wurscht, was so in Fertiggerichten an Zusatzstoffen steckt. Es sollte schnell fertig sein und satt machen. Häufiges Sodbrennen wurde einfach mit Kräuterlikör bekämpft. Die Beschwerden waren natürlich nicht weg, sondern bekamen noch Besuch von Kopfschmerzen.

Es war mir zu aufwendig und mit einem zu großen Zeitaufwand verbunden mit natürlichen Lebensmitteln zu kochen. Ich experimentierte eine Zeitlang herum. Am Anfang war es vielleicht auch nicht leicht, weil ich noch keine Routine entwickelt hatte. Wie schon erwähnt, klappte die Umstellung auch nicht sofort. Ich habe mich so langsam herangetastet und mit immer mehr frischen Zutaten gekocht. Erst war es eine Mischung aus Fertigprodukten und natürlichen Zutaten. Je größer mein Erfahrungsschatz aus guten Rezepten wurde, desto weniger war ich auf Fertigprodukte angewiesen. Der Zeitaufwand ist wirklich nicht wesentlich höher, ein tolles Gericht aus guten Lebensmitteln zu zaubern. Du wirst mit einem tollen Lebensgefühl belohnt. Hochwertige Nahrungsmittel geben dir Kraft, Energie und Power für den Tag.

Ich glaube auch, dass die Ernährung mich mental und auch körperlich gestärkt hat, gerade in Zeiten, wo mich meine Schmerzen oft an meine psychischen Grenzen gebracht haben. Ohne Energie und Kraft durch die ausgewogene Ernährung hätte ich das nicht gut ausgehalten.

Einen Artikel fand ich besonders interessant. Einer Studie der BVE zufolge (Bundesvereinigung der deutschen Ernährungsindustrie) kochen nur noch 32% der Deutschen regelmäßig selbst. Der Umsatz von Fertigprodukten steigt immer weiter.

Dann bin ich ein paar Zeilen weiter auf einen anderen Text gestoßen. Die Küchenumsätze steigen wie nie zuvor. Schlagzeilen wie: Die Küche ist des Deutschen neuer Porsche – oder ein anderer Spruch lautet: Bei Preisen ab 20.000 Euro fängt der Spaß an.

Aber braucht Frau oder Mann so eine hochwertige Küche, wenn nicht selbst gekocht wird? So eine Küche scheint ein Prestigeobjekt darzustellen. Sie begeistern mit edelstem Design und hochmodernen Geräten, die niemals zum Einsatz kommen.

Zum Erhitzen eines Fertigproduktes braucht man höchstens eine hochmoderne Mikrowelle und einen Herd, um das Essen aufzuwärmen.

Die Antwort bekam ich dann einige Tage später bei einem Radio Interview zu hören.

Ich war mit dem Auto unterwegs und wollte mir gerade einen guten Sender mit Musik heraussuchen. Da blieb ich an einem Sender hängen. Ich bekam noch gerade so Gesprächsfetzen von einem Psychologen mit, der das Verhalten in der modernen Gesellschaft in Bezug auf Statussymbole untersucht hat. War ein wirklich fesselndes Gespräch. Einige Beispiele waren wirklich sehr erschreckend für mich. Das Leben einiger oder vieler Menschen ist ein einziger Fake. So erzählte der Psychologe unter anderem, dass Leute sich z.B. eine hochmoderne Luxusküche kaufen. Ein Traum mit hochmoderner Technik, Materialien von höchster Qualität. Das kann man jetzt natürlich auch auf Auto oder Haus beziehen.

Sie haben die neue Küche, wie im Prospekt aufgestellt und sie wird kaum zum Einsatz kommen. Diese Aussage deckte sich mit dem Artikel von neulich aus dem Internet und machte mich dann besonders hellhörig. Für dieses Prestigeobjekt Luxusküche haben sie dann noch einen dicken Kredit aufgenommen. Sie möchten zeigen, dass sie sich so eine Luxusküche leisten können. Jetzt wird es traurig! Es geht hier nicht mehr um die

Küche. Sie besitzen diese Küche, um von der Gesellschaft anerkannt zu werden. Sie möchten gerne in einer bestimmten Liga mitspielen. Dafür verschulden sich viele Menschen.

Natürlich gibt es auch Menschen, die das Geld haben. Klar, keine Frage. Die anderen gibt es leider aber auch. Ist doch echt traurig.

Ja, dieses Interview hat noch eine Weile bei mir nachgewirkt.

Es gibt also Menschen, die sich sogar hoch verschulden, um sich entweder von anderen abgrenzen zu wollen oder einfach um Anerkennung kämpfen.

Ach, und eine Aussage des Psychologen hat mich auch stark beeindruckt. Einer seiner Kunden hat zugegeben, dass er sich nur über die Statussymbole definieren kann. Ohne diese fühle er sich nackt und einsam!

Ich habe lange überlegt, ob ich dieses Thema in mein Buch einbringen soll. Es passt doch nicht so wirklich in meine Geschichte, dachte ich so. Aber ein Mensch, der sich kläglich einräumt, dass er sich nur über Statussymbole definieren kann, um anerkannt zu werden, kann für sich selbst nicht einen Funken Liebe empfinden. Und da sind wir schon in meinem neuen Kapitel über „SELBST-LIEBE“.

Aber ich will jetzt noch einmal einen kleinen Schwenk Richtung Fastfood machen. Es scheint jetzt ein wenig unstrukturiert zu wirken, wenn ich über Fertigprodukte zu Luxusküchen und Statussymbolen wieder auf Fertigprodukte und Fastfood springe. Ich schreibe so, wie meine Gedanken es heraussprudeln lassen! Lauter Puzzlestücke, die sich zusammenfügen wollen.

Es gibt natürlich auch Situationen da greift man mal zu Fastfood, weil es nun mal gerade in der Situation nicht anders geht oder der innere Schweinehund sich einfach durchsetzt. Ich habe mich schon immer gefragt, was das für ein komisches Tier ist.

Es ist noch nicht lange her. Wir saßen in gemütlicher Runde zusammen und genossen so die freie Zeit bei einem guten Glas Rotwein. Plötzlich kam dieses Hungergefühl. Keiner hatte Bock, etwas zu kochen. Tja ein kurzer Blick ins Handy und der nächstbeste Lieferservice wurde angeklickt. Wir entdeckten einen griechischen Imbiss. Die anderen entschieden sich für Gyros, Pommes und Bauernsalat. Ich freute mich schon auf lecker gegrillte Aubergine mit Zaziki und dazu einen kleinen Bauernsalat. Ich muss dazu sagen, dass ich seit ca. zehn Jahren kein Fleisch esse. So ist es natürlich oft auswärts nicht so einfach, ein gutes Gericht zu finden. Auf der Karte waren einige Gemüsegerichte und so freute ich mich schon sehr darauf. Tja, es hat dann so ca. eine Stunde gedauert, bis unser Essen angeliefert wurde. Diese Stunde wurde aber sinnvoll genutzt und noch ein gutes Gläschen Wein getrunken.

In freudiger Erwartung packten wir unser leider nur noch lauwarmes Essen aus. Das Gyros war so lieblos in dieser Pappschachtel angerichtet mit Pommes und dem Bauernsalat, ein völliges Chaos. Ich hatte vier Scheiben Aubergine mit Labberkäse drauf. Alles blass und von komischer Konsistenz. Der Zaziki sah eigentlich so ganz appetitlich aus. Zumindest zierte eine große schwarze Olive das kleine Kunstwerk. In freudiger Erwartung nahm ich mir einen Löffel von der griechischen Spezialität. Ich hatte zugleich eine Assoziation von einer griechischen Taverne an einem wunderschönen Strand, wurde dann aber mit einem Schlag aus dieser Vorstellung herausgeholt. Es war geschmacklich eine Mischung aus Essig, Salz und Mayonnaise. Es war so schrecklich. Das Beste daran war noch die schwarze Olive … Der Bauernsalat war geschmacklich wie der Zaziki. Das Essen war so far away von der griechischen Küche entfernt. Tja, und mein kleiner Gemüseteller war teurer als der Gyrosteller. Gut, den Preis wusste ich ja. Ich dachte halt, da sind ein paar mehr Scheiben drauf. Dann wäre der Preis einigermaßen zu vertreten gewesen. Es war aber wieder typisch, dass Fleischgerichte wieder viel günstiger angeboten wurden. Ich aß noch ein paar Pommes, weil der Wein so seine Wirkung bei mir zeigte. Ich war mal wieder auf Fastfood richtig hereingefallen. Ich hatte aber schlichtweg keine Lust, diese eigentlich entspannte Stimmung jetzt einfach aufzugeben. Und so beschloss ich, den Abend noch bei einem guten Glas Wein zu genießen. Wir waren natürlich nicht satt und so kam noch frisch geröstetes Brot mit Käse auf den Tisch. Es war noch ein schöner Abend.

Es stellt sich jetzt die Frage, wie ich darauf komme, dass Yoga mein Essverhalten verändert hat. Ja, diese Frage habe ich mir auch oft gestellt. Ich glaube, Yoga hat einen großen Anteil daran, dass ich einfach achtsamer mit mir umgehe. Ich habe mit der Zeit ein Gespür dafür entwickelt, was mir gut tut und was eben nicht.

Um es platt auszudrücken, habe ich vor meiner Yogazeit schlichtweg nicht auf mich aufgepasst. In Stresszeiten und auch, wenn ich wieder Schmerzen bekam, habe ich jeden Mist in mich hineingestopft. Im wahrsten Sinne des Wortes alles in mich hinein gefressen. Essen bedeutete für mich nur Nahrungsaufnahme, um zu funktionieren und satt zu werden.

Yoga gibt mir Ruhe und Kraft, Anspannung und Entspannung. Yoga sorgt für mein inneres Gleichgewicht. Ich habe gelernt, mit Stress und den Schmerzen gut umzugehen. Ich bin jetzt in der Lage, mein Kopfkino einfach mal auf Pause zu setzen. Ich habe auch gelernt, dass Essen auch Genuss bedeutet.

Hier schließt sich der Kreis. Zusammenfassend ist die Kombination aus Yoga und Ernährung vielmehr als ganzheitliches Gesundheitssystem zu sehen, welches aus Bewegung, Achtsamkeit, Entspannung und auch, ganz wichtig, aus ausgewogener Ernährung besteht.

## SELBSTLIEBE

Ich telefonierte gerade mit einer sehr guten Freundin. Wir redeten über dies und das. Wir nennen es immer unseren Mädelstalk. Es war ein Gespräch, lustig und entspannt. Wie immer eigentlich.

Dann plötzlich sprudelte es aus ihr heraus. „Du, Tina, ich habe mir deine Webseite durchgelesen. Und eine Zeile irritiert mich total. Du schreibst: Es ist Selbstliebe zu deinem Körper & Geist. Wie meinst du das denn? Das klingt doch ziemlich arrogant!“

Ich fragte sie, „was bedeutet das Wort Selbstliebe für dich?“ Sie musste nicht lange überlegen. Die Antwort kam wie aus der Pistole geschossen heraus, gewohnt direkt.

„Menschen, die sich selbst lieben, sind für mich Egoisten, Narzissten. Die denken nur an sich.“

Ich wollte es erst einmal sacken lassen. Ich habe ihr nur eine Gegenfrage gestellt. „Warum kann man sich nicht selbst lieben? Ich setze Selbstliebe nicht mit Egoismus gleich.“

Wir ließen das Thema erst einmal ruhen.

Nach unserem Gespräch musste ich immer wieder über das Thema Selbstliebe nachdenken.

In den nächsten Tagen fragte ich in meinem näheren Umfeld nach und stellte genau diese Frage wieder. „Was bedeutet Selbstliebe für dich?“

Überwiegend wurde Selbstliebe mit Egoismus gleichgestellt.

Ich habe eine andere Definition von Selbstliebe! Ich werde versuchen, anhand von Beispielen, die mich selbst betreffen, meine Definition von Selbstliebe zu erläutern.

Ich gehe sehr achtsam mit mir um. Ich habe mittlerweile ein Gespür dafür entwickelt, was mir gut tut und handele auch danach. In meiner Vor-Yogazeit habe ich mich ungesund ernährt und mir keine Gedanken gemacht, warum ich von Fertigprodukten gesundheitliche Probleme bekommen habe. Ich wusste eigentlich genau, wenn ich bestimmte Gerichte esse, geht es mir schlecht. Es war mir damals aber egal. Ich achtete nicht auf mich. Ich habe einfach gedankenlos weiter schlechtes Essen in mich hineingestopft, obwohl ich wusste, dass ich es nicht vertrage. Heute passe ich auf mich auf und ich esse überwiegend natürliche Produkte.

Anderes Beispiel: Früher riss ich mich zusammen, wenn ich wieder Schmerzen bekam. Ich war gnadenlos zu mir. Heute achte ich sehr auf mich. Wenn ich Schmerzen habe, dann ziehe ich mich zurück und versuche mich zu entspannen. Egal, ob ich auf einer Feier oder in einer wichtigen Angelegenheit unterwegs bin. Ich brauche dann einfach meine Ruhe.

Ich habe mit der Zeit auch ein Gespür dafür entwickelt, wer mir gut tut und wer nicht. Vor allem das Thema Freundschaften liegt mir am Herzen.

Freundschaften entstehen ja oft aus Gemeinsamkeiten heraus, wie Hobby, Schule, Studium, Freunde, Kinder. Man geht eine gewisse Strecke zusammen. Doch irgendwann ändert sich die Lebenssituation. Man zieht in eine andere Stadt oder hat sich beruflich verändert. Es ist völlig normal, dass der Kontakt vielleicht nicht mehr so stark ist. Wichtig ist dann, dass, wenn man voneinander hört, noch diese innere Verbundenheit besteht.

Früher war das bei mir so. Wenn sich Verbundenheit und Leichtigkeit langsam weggeschlichen haben, welches die Basis für eine gute Freundschaft darstellt, wurde zwanghaft an der Beziehung festgehalten. Vielleicht war es einfach die Angst davor, dann alleine zu sein. Wenn ich heute auf Dauer merke, dass es wirklich keinerlei Gemeinsamkeiten mehr gibt und sich offenbar alles im Kreis dreht, lasse ich schweren Herzens los und gehe den Weg alleine weiter. Denn ein zwanghaftes Halten von etwas, was es eigentlich nicht mehr gibt, raubt viel Energie und Kraft. Das soll aber nicht bedeuten, dass ich die Person nicht mehr mag. Ich habe es auch schon erlebt, dass der Abstand über mehrere Jahre einfach eine Pause von der Freundschaft war. Wir trafen uns zufällig wieder. Die Verbundenheit war sofort wieder da.

Es fühlte sich von beiden Seiten aus wieder sehr gut und leicht an.

Das Wichtigste ist, dass du Freundschaften nicht zwanghaft hältst, nur um nicht alleine zu sein. Du bist nicht alleine, weil du dir selbst dein bester Freund bist.

Eine Frage an dich. Bist du gerne alleine? Oder brauchst du immer Leute um dich rum?

Kommst du mit dir selbst gut klar? Oder kommt dann die große Langeweile auf?

Bei mir war es immer so, dass ich schon immer gerne Zeit mit mir alleine verbracht habe. Ich konnte mich immer beschäftigen und fühlte mich nie einsam.

Mein Problem war eher, dass meine Außenwelt mir suggerieren wollte, dass dieses Verhalten komisch ist. In der heutigen Gesellschaft wird diese Eigenschaft nicht akzeptiert. Menschen, die gerne alleine sind, werden häufig als Außenseiter, Einsiedler, Langweiler gesehen. Ich dachte auch viele Jahre, dass etwas mit mir nicht stimmen kann. Ich habe ein Spiel gespielt und bin viel unterwegs gewesen. Ich war auf vielen Partys und oft mit der Clique unterwegs. Das hat mich oft gestresst.

Aber was ich wirklich toll fand und immer noch toll finde, ist der Besuch von Rockkonzerten oder man steckt mich auf eine Tanzfläche mit guter Musik. Dann tanze ich die ganze Nacht durch.

Oder ein gutes Essen mit Freunden genieße ich sehr. Ich bin auch echt ein offener und lustiger Mensch. Also ich mag Menschen sehr und höre ihnen gerne zu. Oh Gott und ich habe auch Spaß am Feiern. Aber mit der Zeit stressen mich die lauten Stimmen. Deshalb meide ich z.B. Schützenfeste, Karneval … Da fahre ich dann mit Mann und Hund an die Nordsee.

Ich bin gerne alleine. Ich stehe dazu. Heutzutage hat so ein Zugeständnis leider immer noch ein schlechtes Image. Beim Bewerbungsgespräch kommt das ganz schlecht an. Ich finde diesen Zustand eher sehr traurig. Wenn ich sage, dass ich gerne alleine bin, dann haben die Leute oft so einen mitleidigen Blick drauf. Heute kann ich mich darüber amüsieren. Ich bin dank Yoga sehr viel freier und stärker geworden und so kann ich „Alleinsein" endlich genießen.

Ehrlich, lass dir bloß nicht von den anderen einreden, dass es seltsam ist, wenn man, so wie in meinem Fall, gerne alleine Zeit verbringt. Im Gegenteil, feiere deine Einzigartigkeit!

Und Hand aufs Herz. Gerade die Menschen, die dich ständig damit aufziehen wollen und dich vielleicht als langweilig abstempeln, glaube mir, sind neidisch darauf, dass du den Mut hast, dich ganz entspannt dazu zu bekennen. Sie haben viel zu viel Angst von der Gesellschaft negativ beurteilt zu werden.

Heute akzeptiere ich mich so, wie ich bin, mit all den Ecken und Kanten. Und so mache ich mich nicht von anderen abhängig und biete auch keine Angriffsfläche mehr. Es ist wirklich so einfach.

Ich bin so froh, dass ich durch meine tägliche Yogapraxis meine Schmerzen so weit in den Griff bekommen habe. Ich bin durch Yoga viel selbstbewusster und freier geworden. Ich kann so mein Leben wieder richtig genießen. Mich kann so leicht nichts mehr aus den Socken hauen. Ich weiß wirklich nicht, wo ich jetzt, ohne Yoga, im Leben stehen würde.

Jetzt freue mich auf mein tägliches Date mit mir selbst auf meiner Yogamatte oder ich lege einen Wellnesstag ein, verbunden mit einem Besuch beim Friseur und später einem schönen Stadtbummel. Freue mich dann riesig auf diese Verabredung, so als würde ich mich mit einer guten Freundin treffen. So ein Date mit dir selbst kann ich nur weiterempfehlen.

*DU HAST DIE SCHWIERIGSTE PRÜFUNG BESTANDEN, WENN DER MENSCH IM SPIEGEL DEIN FREUND IST.*

Es gibt Menschen, die spielen die Hauptrolle in ihrem eigenen Science-Fiction-Film. Ziel ist es, gedanklich schon in einer Zeit zu leben, die es noch nicht gibt.

Ich treffe Menschen, die mit großer Sehnsucht darauf warten, bis sie in Rente gehen können. Die können mir das Jahr X bestimmen. Manche Menschen geben sich sehr große Mühe damit und rechnen mir sogar die Tage bis zur Rente vor. Sie träumen vom Lebensabend. Sie malen ihr Leben in den schönsten Farben aus. Was sie dann erleben, was sie jetzt nicht erleben, weil sie ja noch arbeiten. Ist der Job so schlimm, dass sie nur noch an übermorgen denken müssen? Haben die vielleicht lebenslänglich Knast bekommen?

Wenn der Job so schlimm ist, dann sollte man vielleicht daran arbeiten, die Situation langfristig zu verändern. Ich weiß, das geht nicht von heute auf morgen. Die finanziellen Verpflichtungen und auch die oft erhöhten Ansprüche zwingen die Menschen dazu in ihren Jobs zu bleiben. Ganz ehrlich habe ich mich auch lange Zeit in dem so genannten Hamsterrad befunden. Ich spürte schon länger, dass meine Arbeit mich auf Dauer nicht mehr ausfüllt. Es musste langfristig eine Änderung herbeigeführt werden. Die finanziellen Verpflichtungen fühlen sich wie Handschellen an, die anscheinend nie gelöst werden.

Mein Partner und ich haben lange überlegt, wie wir aus dieser Spirale finden können. Wir trennten uns schweren Herzens von unserem großen Haus, welches wir mit viel Liebe renoviert hatten. Eine kleine Immobilie wurde gekauft. Das nahm uns einfach den finanziellen Druck, immer viel Geld verdienen zu müssen. Wir wollten nicht mehr nur für das Haus arbeiten.

Wir können uns jetzt verwirklichen. Ich habe so auch die Möglichkeit, als Yogalehrerin die Selbstständigkeit zu wagen. Ich arbeite aber weiter in meinem sicheren Job. Ich versuche mir mein zweites Standbein als Yogalehrer aufzubauen. Wichtig für mich ist es, meinen Traum langsam real werden zu lassen. Ich würde mich ärgern, wenn ich es nicht wenigstens versucht hätte. Auch wenn es schief geht. Was ich dir mit meiner Geschichte vermitteln will: Bitte gib nicht gleich auf! Versuche deinen Traum in kleinen Schritten real werden zu lassen. Das kann wirklich dauern. Aber allein die Vorstellung, dass vielleicht dieser Traum in Erfüllung geht, gibt dir die Kraft für viele Dinge im Leben. Der Versuch zählt.

Wie gesagt, man muss nicht sofort kündigen und alles auf Neustart setzen. Das ist zu gefährlich.

Ich schaue mir oft diese Auswanderer-Sendungen an. Die Menschen sind so radikal in ihren Entscheidungen. Sie kündigen ihre sicheren Jobs und gehen mit wenig finanziellen Mitteln in ein Land, dessen Sprache sie noch nicht einmal sprechen können. Das ist total fahrlässig, vor allem, wenn Kinder beteiligt sind. Also, so meine ich es nicht.

Wenn du z.B. deinen Beruf eigentlich liebst und du in der falschen Firma arbeitest, dann habe den Mut die Firma zu wechseln. Da kenne ich auch einige Beispiele aus dem Umfeld. Sie haben einfach diese Unsicherheit, sich auf Neues einzulassen. Sie sind gut in ihrem Beruf, stecken aber sozusagen in der falschen Firma fest. Sie mögen aber keine Veränderungen in ihrem Leben. Sie müssten sich auf einen neuen Chef einlassen. Die Begegnung mit neuen Kollegen bereitet ihnen schon bei der Vorstellung große Magenprobleme. Sie bleiben lieber in ihren Jobs gefangen und zählen die Tage bis zur Rente.

Versuche doch mal in kleinen Schritten dich täglich aus der Routine zu schleichen und so erst kleine Veränderungen in deinen Alltag zu bringen. Diese Täglich-grüßt-das-Murmeltier-Mentalität lähmt die Kreativität. Gehe nach deiner Arbeit mal einfach in ein nettes Café. Mach noch einen kleinen Spaziergang. Im Sommer packe dein Badezeug ein und fahre noch ins Freibad. Du musst dir kleine Freiräume schaffen, die bringen dich dann auch oft auf neue Ideen.

Da komme ich jetzt wieder zum Science-Fiction-Film zurück. Du drehst zukünftig einfach täglich deine eigene Dokusoap mit vielen kleinen und größeren Erlebnissen. Du kannst jeden Tag schöne

Dinge in deinem Alltag einbauen und nicht alles auf Jahr X schieben, wenn du alt und grau bist. Denke daran. Du kannst deinem Leben jeden Tag etwas Besonderes geben. Das Leben ist viel zu wertvoll. Mache aus jedem Tag dein persönliches Meisterwerk!

Mein täglicher Blick in den Spiegel war in jungen Jahren für mich ein Albtraum. Ehrlich! Eigentlich sah ich ganz normal aus. Ich hatte aber null Selbstbewusstsein. Wenn mich ein Mann nur mal angeschaut hat, dachte ich gleich, etwas stimmt nicht mit mir. Ich habe aber auch jeden Spruch von Männern tierisch ernst genommen. Sätze wie, „die hat ja einen prallen A...“. Da war ich so was von fertig. Wäre am liebsten nicht mehr aus dem Haus gegangen. Die Zeit war wirklich nicht schön für mich.

Meine Figur war völlig normal. Mein Lieblingslook war der Lagenlook. Figurbetont war mir völlig unbekannt. Ich habe mit tausend Lagen meinen Körper verhüllt.

Bis mein damaliger Freund mir wirklich diesbezüglich die Meinung gesagt hat. Oh Gott, das waren echte Komplexe, die ich hatte.

Es dauerte Jahre, bis ich ein besseres Gefühl für meinen Körper entwickeln konnte. Soziale Netzwerke wie Instagram wären für mich damals wohl der Supergau gewesen. Diese schönen Menschen hätten mich damals völlig verunsichert. Einen interessanten Artikel dazu habe ich im Internet entdeckt.

Zu dieser Erkenntnis passt eine Studie der britischen Gesundheitsorganisation „Royal Society for Public Health (RSPH)“ von 2017, dass Instagram sehr große negative Auswirkungen auf die Psyche von jungen Besuchern zwischen 14 und 24 Jahren hat. Sie leiden unter Angstzuständen und Selbstzweifeln. Und sie leiden an einem für mich noch unbekannten Phänomen „FOMO“. Es steht für „Fear of missing out“. Übersetzt bedeutet das, dass die jungen Besucher auf Instagram Angst haben, etwas zu verpassen. Auf Instagram werden ja immer junge, attraktive und aktive Menschen gezeigt, die ständig in ferne Länder reisen und Partys feiern. Überhaupt gerade durch die Bearbeitung der Fotos entsteht bei vielen jungen Mädchen und Frauen ein völlig falsches Bild, wie ein Körper auszusehen hat.

Ich finde diese Entwicklung erschreckend. Der Druck auf Perfektionismus im Aussehen sowie im Leben nimmt immer größere Ausmaße an.

Massen von Instagrammern strömen zu den Hotspots dieser Welt, um ein tolles Foto zu schießen mit der Aussicht auf viele Likes. Sie nehmen dabei weder Rücksicht auf die Natur noch deren Bewohner. Landschaften werden durch deren Müll verdreckt und zerstört. So werden z.B.

Wildtiere angefüttert, um ihnen ganz nah zu sein und so ein geiles Foto zu schießen. Es sind schon viele Unfälle passiert, weil die Tiere schlichtweg die Schnauze voll hatten und sich gewehrt haben. Das Ende vom Lied war, dass die Tiere wegen des Angriffs erschossen wurden. Und es ist leider kein Einzelfall! Es ist wichtig, dass mit Natur, Tier, Mensch respektvoll umgegangen wird.

Natürlich gilt das rücksichtslose Verhalten nicht für alle Influencer. Ich finde viele Auftritte auf Instagram auch sehr informativ und inhaltlich sehr wertvoll. Für Unternehmen bietet Instagram eine wichtige Plattform. Ich finde es nur schade, dass viele Auftritte so übertrieben dargestellt werden.

Die Menschen, die überwiegend gezeigt werden, sehen alle ziemlich gleich aus. Sie sehen hübsch aus, keine Frage. Es ist wie eine einheitliche Uniform, die dieses Bild von Instagram bestimmt. Ohne Ecken und Kanten. Alles rund und auf Dauer fad.

Im ersten Kapitel hast du erfahren, wie ich durch meinen Arzt auf Yoga aufmerksam gemacht wurde. Ich habe damals auch Instagram-Seiten aufgerufen und war durch viele Bilder von Yoginis, die sich wie Brezeln verbiegen konnten, tierisch verunsichert. Ich hatte ein völlig falsches Bild von Yoga und ehrlich gesagt auch einige Monate den Gedanken an Yoga begraben. In der heutigen Zeit wird vieles so übertrieben und extrem dargestellt.

Mich schreckt das ab. Zum Glück gab ich Yoga noch eine Chance und konnte später meine eigenen Erfahrungen machen. Später habe ich glücklicherweise erkannt, wie vielschichtig und bunt Yoga ist und dass dieses ganzheitliche, indische Gesundheitssystem nicht nur von jungen, beweglichen Menschen, sondern auch von älteren Menschen mit körperlichen Einschränkungen praktiziert werden kann.

Ich hoffe einfach, dass auch die jungen Mädchen, die eine falsche Wahrnehmung für ihren Körper durch diese Fake-Welt entwickelt haben, durch ihre eigenen positiven Erfahrungen psychisch gestärkt werden und sie sich so immer stärker von ihren Vorbildern lösen und sich selbst lieben und akzeptieren können.

Apropos, falsche Körperwahrnehmung. Ich habe ehrlich gesagt erst viele Jahre später mit meinem Körper Frieden schließen können. Durch meine tägliche Yogapraxis habe ich ein positives Körperbewusstsein entwickelt. Ich bin jeden Tag dankbar dafür, dass mein Körper trotz Einschränkungen gut funktioniert. Ich bin viel selbstbewusster und freier geworden. Ich fühle mich in meinem Körper wohl und habe Gott sei Dank auch keine Probleme mehr, körperbetonte Klamotten zu tragen. Ich akzeptiere mich so, wie ich bin. Das bedeutet für mich auch Selbstliebe.

Eine Frage an dich: Kannst du dich selbst loben? Oder ist dir das unangenehm? Findest du vielleicht, sich selbst zu loben sei überheblich und arrogant?

Ich möchte dir gerne dazu meine eigene kleine Geschichte erzählen. Ich habe ja im letzten Jahr meine Ausbildung zum Yogalehrer absolviert. Es war ein wirklich langer Weg bis zur Prüfung. Ich habe jede freie Minute gelernt. Einige Male geplagt von großen Zweifeln, ob ich mit meiner körperlichen Einschränkung wirklich Yogalehrer werden kann. Dazu im folgenden Kapitel mehr. Dieser Moment, als ich endlich mein Zertifikat in den Händen hielt. Ich hätte die ganze Welt umarmen können. Das habe ich auch gezeigt und mehrfach wiederholt, dass ich mich so freue und auch stolz auf meine Leistung bin.

Es gab aber auch Stimmen, die dieses Eigenlob negativ aufgefasst haben.

Ich habe es schon verstanden, dass es vielleicht schräg rübergekommen ist. Es war einfach ein Ausdruck von purer Freude und Stolz auf die erbrachte Leistung.

Aber der Spruch „Eigenlob stinkt“ ist fest in einigen Köpfen verankert.

Ganz ehrlich, ich würde mich für eine gelungene Prüfung, Arbeit etc. wieder selbst loben. Es ist doch ganz einfach. Du hast viel für die Erfüllung deines Traums an Kraft und Energie investiert, um dieses gute Ergebnis zu erzielen. Deshalb ist es sogar deine Pflicht, dich selbst zu loben. Ein Lob an dich selbst gibt dir auch Kraft und Motivation für neue Dinge.

Frauen tendieren in der Regel eher dazu, ihre eigenen guten Leistungen richtig abzuwerten. Es kommen Sprüche wie: „Es war Zufall, dass ich die gute Note bekommen habe, weil die richtigen Fragen gekommen sind." Frauen machen sich nur allzu gerne klein. Dieses Auftreten kann aber beruflich gesehen einige Türen wieder schließen. Es bekommt doch niemand mit, wenn du wirklich etwas gut kannst und es für dich behältst.

Komischerweise tendiert der Mensch aber auf der anderen Seite gerne dazu, sich selbst gerne zu kritisieren, wenn es schlecht läuft. Das ist doch ungerecht.

Die Antwort auf die Frage, was Selbstliebe bedeutet? Ganz klar. Du sollst dich auf jeden Fall selbst loben!

Um mich in der Ausbildung zur Yogalehrerin weiter zu motivieren, habe ich mich nach jeder bestandenen Einzelprüfung mit kleinen Geschenken belohnt. Ich kaufte mir meine Lieblingslotion oder ein Yogabuch. Ganz speziell für meine gelungene Prüfung. Diesen Trick habe ich bei mir angewendet, um mir innerlich einen weiteren Motivationsschub zu verpassen. Hat gut geklappt.

Selbstliebe bedeutet aber auch für mich, dass man sich selbst einen Fehler eingestehen kann. Dass man dazu steht und nicht versucht es auf andere oder irgendetwas zu schieben. Fehler machen ist rein menschlich. Einen Fehler eingestehen nimmt einem den Druck, alles perfekt machen zu müssen. Und du kannst dir selbst ganz liebevoll den Fehler verzeihen, so wie du deinem besten Freund verzeihen würdest. Sich selbst zu lieben mit all seinen Macken, die man so hat, bringt einem so viel Leichtigkeit im Leben, auch im Umgang mit der Außenwelt.

Ein tolles Zitat, wie ich finde von Charly Chaplin bringt alles noch mal auf den Punkt.

*Als ich mich selbst zu lieben begann,*
**********
*habe ich mich von allem befreit, was*
*nicht gesund für mich war, von Speisen,*
*Menschen, Dingen, Situationen und von Allem,*
*das mich immer wieder hinunterzog, weg von*
*mir selbst.*
*Anfangs nannte ich das*

*„Gesunder Egoismus"*

*Aber heute weiß ich das ist SELBSTLIEBE*

## Was für ein geiler Traum!

Ein fruchtiger Duft nach Blumen strömte in meine Nase. Ich genoss diesen tollen Ausblick über das Tal. Es war warm und ein leichter Wind sorgte für angenehme Abkühlung. Untermalt von Vogelgezwitscher. Es war einfach wunderschön. Bevor der Mönch und ich in die Meditation versanken, schaute ich mir alles noch genau an und nahm alles wahr, bevor ich sanft meine Augen schloss.

Ich hörte noch die tiefe Stimme im Hintergrund, die mir eine Frage stellte. „War der Hund schon draußen?“

Nein, das hatte nicht der Mönch gesagt, schoss es mir durch den Kopf. Es ging ein Ruck durch meinen Körper. Es war mein Freund, der mich mit einem schelmischen Blick aus diesem geilen Traum herausgeholt hatte.

„Bist wohl eingeschlafen? Du siehst ja zerknautscht aus.“ Das waren seine sehr lieben Worte und dann war er schon wieder aus der Tür raus.

Ich saß noch eine Zeit lang ein wenig verdattert auf dem Sofa. Du kennst vielleicht den Moment, wenn du gerade aus einem tollen Traum erwacht bist und unbedingt weiter träumen möchtest. Ich brauchte dringend eine Tasse Kaffee. Es war ein später Nachmittag im Winter. Es war schon dunkel und ich fühlte mich schon den ganzen Tag so schlapp.

Peppi und Jeany schauten mich fordernd an. Ich zog meinen Steppmantel schnell drüber und ging mit den beiden raus an die frische Luft. Es tat wirklich gut.

Während wir so liefen, fiel mir mein Traum wieder ein. Ich hatte die letzten Wochen immer mal über eine Yogalehrer-Ausbildung nachgedacht. Ich schaute mir Filme über Meditation an. Sie spielten in einer wunderschönen Landschaft. Diese Bilder habe ich im Traum verarbeitet.

Yoga nahm nun sehr viel Platz in meinem Leben ein. Täglich eine Stunde Praxis. Einmal die Woche Yogakurs. Trotzdem wuchs in mir der Wunsch, noch mehr in die Tiefe zu gehen. Klar, wenn ich Fragen hatte, surfte ich im Netz rum. Ich verschlang einige Bücher über individuelle Yogapraxis, speziell für Übende mit Einschränkungen.

Ich googelte nach Yogaschulen. Es gab seitenweise Anbieter. Wenn du das nötige Kleingeld hast, dann kannst du deine Ausbildung im Ursprungsland Indien machen. Oder ganz entspannt auf Sylt, Mallorca. Der Beruf des Yogalehrers ist nicht geschützt. Yoga ist in Deutschland nicht reglementiert. Es gibt also keine gesetzlichen Vorgaben. Das ist auch der Grund, warum jede Schule die Zulassungsbestimmungen und Anforderungen selbst bestimmen kann. Ich will da jetzt nicht in die Tiefe gehen.

Es musste eine Möglichkeit geben, wie ich meinen Beruf und die Ausbildung unter einen Hut bringe. Mein Freund Carsten und ich betreiben seit 2004 einen Online-Shop im Bereich Gartenfiguren und Accessoires. Der Vorteil ist, dass unser Büro, Lager und Versand und wohnen sich alles unter einem Dach befindet. Dieser Vorteil ermöglichte eine freie Zeiteinteilung.

Ich suchte eine Ausbildung, wo ich am besten von zuhause aus lernen konnte. So war es für mich jederzeit möglich, auch die Arbeit nicht zu vernachlässigen. So war mein Plan.

Erst Monate später fand ich im Internet eine Schule, die eine Yogalehrer-Ausbildung im Fernlehrgang anbot. Es gab einige Institute. Ich entschied mich für einen Anbieter mit einem kostenlosen Monat zum Antesten. Die Ausbildung dauert zwölf Monate und wird mit einem Zertifikat abgeschlossen. Kommst du mit einem Jahr nicht hin, kannst du noch zusätzlich ein halbes Jahr kostenlos verlängern. Ich habe mir Informationsmaterial zuschicken lassen. Ein paar Fragen wurden per Anruf noch geklärt. Dann, ein paar Tage später, kam die Lieferung.

Ich greife jetzt einfach vor, wie meine Ausbildung aufgebaut ist. Du arbeitest nacheinander zwölf Studienhefte durch. Am Ende jedes Heftes wartet die schriftliche Einsendearbeit auf dich.

Diese besteht überwiegend aus Fallbeispielen. Du musst es genau begründen, warum du in diesem Fall so oder so entschieden hast. Die Fallbeispiele kannst du auch nur beantworten, wenn du dich intensiv mit dem Studienheft befasst hast. Wie ich finde, ist das eine sehr gute Kontrolle, ob der Lernstoff verstanden wurde. Deine eingereichte Einsendearbeit wird dann benotet. Zusätzlich muss man noch zu jedem Studienheft eine mündliche Prüfung absolvieren. Die mündliche Aufgabe wird dann als Audiodatei zum Dozenten übermittelt. Es werden dann z.B. die Anleitungen zu den Asanas oder einer Meditation geprüft. Deine Sprechweise, Inhalte/Anleitung werden dann benotet. Zwei Präsenzseminare vollenden die Ausbildung. Das zweite Seminar beinhaltet dann auch die praktische Abschlussprüfung. Bei erfolgreicher Prüfung bekommst du dein lang ersehntes Zertifikat ausgehändigt. Grundvoraussetzung für die Zulassung der Abschlussprüfung ist die Einreichung aller schriftlichen und mündlichen Arbeiten, wobei mindestens die Note ausreichend erreicht werden muss. Die Teilnahme der praktischen Abschlussprüfung ist nur innerhalb von zwölf Monaten nach Ablauf der Regelstudienzeit möglich.

Bei Fragen stehen dir jederzeit Dozenten aus den jeweiligen Fachgebieten zu Verfügung. Wenn du möchtest, kannst du auch Kontakt zu Mitstudierenden aufnehmen.

Tja, und da saß ich nun so vor meinem Paket von der Fernakademie. Mir liefen gleichzeitig heiße und kalte Schauer über den Rücken. Einerseits war ich vor Neugier und Freude ganz positiv aufgeregt. Ich war aber auch mega nervös. Es waren wieder diese inneren Unsicherheiten, die sich bei mir langsam ausbreiteten. Jeany und Peppi saßen mit einem großen, erwartungsvollen Blick am Tisch und fixierten das Paket.

Es war schon ein Gefühl wie Weihnachten. Was warteten wohl für tolle Überraschungen in der Kiste? Alles war in Hochglanzdesign-Boxen verpackt. Die Studienhefte 1 bis 6 standen schön sortiert in der Box. Ich wollte die schöne Anordnung nicht zerstören und schaute mir die anderen Dinge genauer an. Lustige Textmarker packte ich aus, so wie drei Übungs-DVDs. Jetzt war der Tisch schon halb ausgefüllt mit Studienmaterial.

Ich schaute meine Hunde an und nickte kurz. Der Geheimcode für den Startschuss – ab in den Garten – war gefallen. Wie kleine Raketen schossen die beiden Racker die Treppe runter.

Ich machte mir noch eine Tasse Kaffee und schaute Jeany und Peppi zu, wie sie im Garten herumtollten. Mir war es zu kalt und so blieb ich im Hauseingang stehen. Meine Gedanken fuhren

Achterbahn. Was war jetzt mein nächster Schritt? Ich wollte diesen Tag locker und entspannt beenden. So beschloss ich eine Broschüre mit nützlichen Tipps rund um den Lehrgang durchzulesen. Anschließend schaute ich mir noch eine DVD von der Akademie an. Studierende gaben Anregungen rund um das Thema lernen. Das sollte für heute erst einmal genug sein.

Am nächsten Tag war viel Arbeit angesagt. Neue Ware war eingetroffen und musste ausgepackt werden. Bis zum frühen Nachmittag war ich gut beschäftigt. Ich arbeitete bis mittags durch und ignorierte mein Hungergefühl. So machte ich mir erst einmal ein Süppchen und nahm mir an diesem Tag besonders viel Zeit, den Teller auszulöffeln. Ich wusste ja genau, was nach dem Essen auf mich wartete. Ich hatte einfach ein ungutes Gefühl bei der neuen Aufgabe. Artig räumte ich meinen Teller in den Geschirrspüler. Ein paar unwichtige Dinge sollten jetzt noch ganz dringend erledigt werden.

Dann fiel mir nichts mehr ein. Ich schnappte mir das Heft aus der Box und mit einer gespielten Lässigkeit schlug ich die erste Seite auf. Ach und die lustigen Textmarker hatte ich schön ordentlich neben meinem Studienheft platziert. Die erste Seite war das Inhaltsverzeichnis. Danach folgte die Einleitung. Alles harmlos, dachte ich. Mutig ging es auf die Seite 3 zu. Die Überschrift war:

Was ist Yoga? Und dann nahm das Elend seinen Lauf. Das nächste Thema war dann: Ursprung des Yoga in Indien.

Ich versuchte mich zu konzentrieren und mir alles einzuprägen. Mein Blick schweifte über die lustigen Textmarker. Damit würde ich mir die wichtigen Zeilen markieren, um sie mir dann gut einzuprägen. Das Spiel dauerte ca. eine Stunde. Ich las etwa fünf Seiten durch. Im Ergebnis hatte ich ein wahres Kunstwerk kreiert. Alle Farben kamen zum Einsatz und nahezu jede Zeile wurde farblich markiert. Um dem Ganzen noch eine intellektuelle Note zu verpassen, schrieb ich kleine Notizen an den Rand. Ich klappte mein Heftchen zu. Mein erster Schultag wurde mit einer Weinschorle schön feierlich beendet.

Am nächsten Nachmittag schlug ich mein Heft wieder auf und wollte eigentlich weiter lesen. Laut Heft sollte ich nun aber an dieser Stelle innehalten. Die Augen schließen und wie einen Film das Gelesene abspielen. Mit eigenen Worten laut und deutlich etwas zu dem Begriff Yoga erzählen. Am besten jemanden bitten, mir zuzuhören.

Nichts einfacher als das, dachte ich. Ich schnappte mir Carsten und bat ihn, sich hinzusetzen, um meiner Kurzgeschichte zu lauschen. Mit lauter Stimme und gespielter Souveränität fing ich an, den Begriff von Yoga zu erörtern. Ehrlich gesagt konnte ich einiges erzählen, aber es hatte nichts mit dem Text zu tun, den ich gestern super markiert hatte.

Mein Gehirn war also nicht in der Lage, den gelesenen Text als Gelerntes umzusetzen und als verstanden abzuhaken und zu speichern. Was für eine Niederlage. Ich war enttäuscht und Carsten versuchte mich vergeblich aufzumuntern. Es half aber nichts. Das Studienheft kam zur Strafe in die Box zurück. Die lustigen Stifte wurden erstmal aus meinem Blickwinkel verbannt. Den Rest des Nachmittages verbrachte ich auf meiner Matte. Richtige Lust hatte ich aber nicht mehr.

Das war wieder diese für mich typische Schmollhaltung. Ich hatte wieder zu große Erwartungen an mich gestellt und mir selbst wieder im Weg gestanden. Typisch Tina!

Ich hatte plötzlich keine Lust mehr und lenkte mich ab mit anderen Dingen. Einige Tage später saß ich an meinem Tisch und starrte auf meine Box. Ich war über mich selbst wütend. Ich wollte wieder aufhören. Ich wollte aufhören, weil es mir schwer fiel, den Text zu lesen, um das Gelesene in meinen eigenen Worten wiederzugeben. Das war der Grund? Ich hatte mir nur wieder schamlos ein Alibi verpasst, um mir den Freibrief zum Aufgeben zu erlauben. Diese Einstellung war echt übel. Vor Jahren hätte ich genau auf diese Art und Weise gehandelt. Ich schaffe es nicht und gut ist.

Dieses Mal waren die Gedanken wieder da. Dieses lang geplante Projekt von heute auf morgen zu stornieren. Einfach so, ohne mit der Wimper zu zucken. Ich handelte dieses Mal anders.

Ich dachte über die ganzen letzten Monate nach. Wie Yoga meinem Leben wieder mehr Lebensqualität gegeben hatte. Wie gut es mir ging. Mr. Fies klopfte so selten an, dass ich ihn schon fast vergessen hatte. Überhaupt ging es mir psychisch so gut. Warum dann plötzlich dieser Aussetzer? Es war, glaube ich, einfach so eine Welle, die über mich kam. Eine Welle von Prüfungsängsten, Versagensängsten, die sich noch mal aufbäumen wollte. Dieses Mal sagte ich mir: „Tina, du schaffst das. Setze dich nicht unter Druck. Verdammt, du musst erst mal wieder lernen, zu lernen. Die Konzentration fällt dir schwer. Fange erst mal langsam an.“ Ja … diese Gespräche führte ich mit mir. Die ersten Tage sprach ich mir immer wieder Mut zu.

Ich versuchte eine gewisse Routine in meinen Alltag zu bringen. Bis zum frühen Nachmittag arbeitete ich in meinem regulären Job. Zwei Stunden am Tag lernte ich dann. Am Anfang hatte ich große Schwierigkeiten, mich auf den Text zu konzentrieren. Ich fing langsam an, indem ich mich nur mit einer Seite beschäftigte. Es gab auch innerhalb des jeweiligen Kapitels kleine Aufgaben, die ich bearbeiten musste. Eine Zusammenfassung und

Wiederholungsaufgaben rundeten das jeweilige Themengebiet ab. Meine lustigen Textmarker kamen auch wieder zum Einsatz. Zum Schluss schrieb ich mit meinen eigenen Worten eine Zusammenfassung. Mit der Zeit wurde es besser. Die tägliche Routine half mir, den Druck raus zu nehmen. Nach ca. sechs Wochen hatte ich das Studienheft durchgearbeitet. Am Ende des Heftes wartete die schriftliche Einsendearbeit auf mich. Ich hatte mir ganz fest vorgenommen, niemals vor beenden des Heftes auf diese magische Seite zu schauen!

Jetzt war der Moment gekommen. Mein Wissen wurde jetzt überprüft und mit einer Note bewertet. Bevor in mir diese Versagensängste wieder versuchten aufzukeimen, beschloss ich mich zu beruhigen. Ich hatte doch Spaß an Yoga und sollte meine Ausbildung richtig genießen, anstatt wieder Panik zu bekommen. Ich hatte mich gut vorbereitet. Also, los geht's.

Nach drei Tagen war meine Einsendearbeit fertig und versandbereit.

Einige Tage später kam das Ergebnis auf dem Postweg. Vor Aufregung traute ich mich nicht den Umschlag aufzumachen.

Auch da ließ ich mir wieder Zeit. Carsten war auch sichtlich nervös. Er hatte ja hautnah meine anfänglichen Probleme mit der Ausbildung miterlebt. Wir starrten beide wie gebannt auf den

Brief. Mir wurde wieder so heiß. Ich nahm allen Mut zusammen und riss den Umschlag auf. Zitternd blätterte ich meine korrigierte Arbeit durch. Verdammt, wo stand denn die Note?

Ich hatte es geschafft. Ich hatte ein tolles Ergebnis erreicht. Ich war so happy!

Durch meine erfolgreiche Arbeit platzte endlich der Knoten. Der Druck war wie weggespült.

Ganz anders als bei dem Studienheft 1 freute ich mich jetzt auf das zweite Heft. Ich las die Seiten jetzt mit einer Freude und Leichtigkeit. Ich recherchierte im Netz, kaufte mir Bücher. Es war so schön. Die Ängste waren verschwunden.

Von meiner Ausbildung wusste nur mein Freund bescheid. Ich habe beschlossen, niemandem davon zu erzählen. Diese ständigen Fragen der Familie und von Freunden hätten mich leicht unter Druck setzen können. Für mich war es eine gute und die richtige Entscheidung.

Am Ende des zweiten Heftes wartete zusätzlich auch meine erste mündliche Arbeit. Da würde deine Sprechweise und Inhalt der Anleitung geprüft und benotet.

Schon Wochen vorher machte ich mir Gedanken, wie ich meine Stimme schulen könnte, sodass auf der Aufnahme die Stimme auch einen sicheren und klaren Klang hat.

Ich beschloss, Selbstgespräche zu führen. Es fing schon morgens im Bad an. Ich tat so, als ob eine imaginäre Gruppe vor mir stehen würde, und ich versuchte den Teilnehmern eine Anleitung zu einer Haltung (Asana) entspannt anzusagen. Die Anleitung sollte flüssig gesprochen und verständlich erklärt rüberkommen. Anfangs war es sehr befremdlich für mich. Ich musste noch zu lange überlegen, die einzelnen Schritte einer Asana verständlich anzusagen.

Durch den Besuch verschiedener Yogakurse ist mir aufgefallen, dass jeder Yogalehrer über einen eigenen Stil beim Anleiten der einzelnen Asanas verfügt. Manchmal werden die Wörter an bestimmten Stellen in die Länge gezogen. Es entstehen auch längere Pausen zwischen den Sätzen. Jeder Yogalehrer verwendet bestimmte Wörter, die seinem Unterrichtsstil einen besonderen Charakter geben.

Ehrlich gesagt entstanden meine Pausen zwischen den Sätzen eigentlich nur, weil ich den nächsten Schritt vergessen hatte. Von einem besonderen Charakter im Unterrichtsstil war ich noch meilenweit entfernt. Manchmal mussten meine kleinen Racker Jeany und Peppi auch als Minigruppe ran. Ich hatte wirklich sehr aufmerksame Zuhörer.

Das zweite Heft war nach ca. vier Wochen durchgearbeitet. Ich konnte mich gut konzentrieren und so auch täglich mehr Seiten bearbeiten. Am Ende wartete nun auch zusätzlich meine erste mündliche Arbeit. An einem Sonntag war es soweit. Die technischen Geschichten hatte Carsten Tage zuvor schon für mich erledigt. Ich konnte also sofort starten. Ich sollte eine Gruppe mit einer Übung anleiten. Ich war gut vorbereitet und war mir sicher, dass wir später noch einen schönen Sonntagsspaziergang mit den Hunden machen würden.

Ich setzte meine Kopfhörer auf und richtete mein Mikrofon in die richtige Position ein. Das ist schon recht professionell, dachte ich. Die Hunde lagen ganz entspannt auf dem Sessel und freuten sich schon auf den bevorstehenden Spaziergang. Ich hatte mir einen Text von ca. fünf Minuten Gesprächsdauer zurechtgelegt. Trockenübungen liefen reibungslos und so ging es dann mit der ersten Aufnahme los. Die klappte dann eigentlich schon gut. Ehrlich gesagt war es die beste Aufnahme gleich zu Anfang. Aber nicht für mich. Ich fand sie noch nicht perfekt, obwohl sie wirklich gut war. Flüssig und entspannt gesprochen, inhaltlich gut. Passte eigentlich. Ich war mir aber so was von sicher, dass es noch besser geht. Ich löschte also meinen ersten Versuch, ohne mit der Wimper zu zucken. Tja, Hochmut kommt bekanntlich vor dem Fall!

Es sollten noch 15 Versuche folgen. Ich wollte mal wieder perfekt sein. Mit jedem Versuch machte ich mehr Fehler. Einmal fiel mir der nächste

Satz nicht mehr ein. Dann war mein Hals plötzlich so trocken. Ich musste abbrechen und erst mal etwas trinken. Die Hunde schliefen inzwischen. Bei der nächsten Aufnahme bekam ich einen hysterischen Lachanfall. Gute Voraussetzungen für eine angehende Yogalehrerin. Es spielten sich inzwischen Dramen ab. Carsten stand in der Tür und fragte besorgt nach. „Und läuft es?"

Mein Blick reichte aus, um weitere Fragen nicht zu stellen, geschweige denn eine Antwort zu bekommen.

Eine lustige Aufnahme war allerdings auch dabei. Die Hunde wurden langsam wach und während der Aufnahme mussten die Racker laut und ausgiebig gähnen. Meine Anleitung war also gähnend langweilig! Jetzt reichte es mir.

Ich bin dann mit den beiden in den Garten und musste mich ausruhen. Wie gesagt, der 15. Versuch war dann fehlerfrei. Ich übermittelte mein Ergebnis per Audiodatei an meine Dozentin.

Der Spaziergang fiel dann natürlich ins Wasser. Carsten und die Hunde waren sauer auf mich.

Ich sage mal ganz ehrlich: Die erste Aufnahme hätte ich schon nehmen können. Die war gut. Mein Hang, alles perfekt machen zu wollen, hatte sich mal wieder schön durchgesetzt.

Jetzt fragst du dich natürlich: Ja, Moment mal, die praktiziert schon Jahre Yoga und da hat sich mit ihren ganzen Ängsten und Perfektionismuswahn nicht viel verändert. Wozu denn das Ganze?

Ganz ehrlich? Klappte früher etwas nicht sofort, dann schmiss ich alles einfach hin. Das fing schon in der Kindheit an. Durfte ich als kleines Kind nicht noch am Abend länger Fernsehen schauen, bin ich einfach mit einem kleinen Koffer in der Hand weggelaufen. Im Koffer war nur ein Apfel drin.

Ich bin nicht weit gekommen. Stand dann einfach im Garten rum. Hatte auch nichts gebracht, musste dann sofort ins Bett.

Auch später gestand ich mir nie Schwächen ein. Schuld waren immer die Umstände. Dadurch habe ich auch nie versucht, meine Situation zu verändern. Heute stehe ich zu meinen Fehlern und kann sie auch eingestehen. Ich versuche dann aber, eine Lösung für mich zu finden.

Yoga ist aber auch nicht mit einem Radiergummi zu vergleichen, das alle Schwächen mal eben ausradiert. Ich weiß, dass bestimmte Charakterzüge auch weiterhin mein Leben bestimmen werden. Die gehören zu mir. Ich kann aber gewisse Gefühle, wenn sie aufkeimen, gut steuern, indem ich die Situation in eine andere Richtung lenke. Wichtig ist es, in dieser Lage einen klaren Kopf zu bewahren. Nicht sofort aufgeben, sondern hinfallen, aufstehen, Krone richten, weitergehen.

Und glaube mir, noch einen Sonntag habe ich mir nicht mehr verdorben! Die nächsten mündlichen Prüfungen endeten nicht mehr im Chaos.

Die mündliche Aufgabe hatte ich gut bestanden. Der Vorteil eines Fernstudiums ist ja auf jeden Fall die freie Zeiteinteilung. Du kannst zuhause lernen. Da bedeutet enorme Zeitersparnis. Für mich war es so perfekt. Nur der innere Schweinehund zeigte sich ab und an.

Am Anfang fiel es mir schwer, regelmäßig zu lernen. Ich wusste gar nicht, dass ich so viele andere Dinge unbedingt noch erledigen musste, bevor ich endlich an meinen Schreibtisch saß. Da wurde auch schon mal ein bisschen rumgetrödelt. Ich musste mir feste Lernzeiten in meinen Tagesablauf setzen. Feste Verabredungen, und die wurden dann strikt eingehalten. Du musst wirklich bei dieser Ausbildungsform Disziplin aufbringen, sonst hast du ein echtes Zeitproblem. Wenn du dir am Anfang Zeit lässt, dann fehlt dir die Zeit hinten dran. Deswegen brechen auch viele Schüler ab, weil sie die Zeit einfach unterschätzen. In meinem Institut ist die Regelstudienzeit auf zwölf Monate gesetzt. Du kannst aber zusätzlich sechs Monate kostenlos verlängern. Wie schnell geht die Zeit vorbei. Wenn du aber jeden Tag diszipliniert lernst, dann ist der Lehrgang neben deinem Job gut zu schaffen.

Ja, und die Zeit verging wirklich verdammt schnell. Jede geschaffte Einsendearbeit motivierte mich weiter und weiter. Es war eine gewisse Routine eingekehrt.

## Zu viel Ehrgeiz!

Ich saß im Wartezimmer meines Zahnarztes und nahm mir eine Frauenzeitschrift vom Tisch. Die reißerische Überschrift hatte mich neugierig gemacht. Mit Yoga schnell zur Traumfigur! Das schaue ich mir doch mal genauer an. Das Wartezimmer war sehr voll und so hatte ich genügend Zeit, einen Blick drauf zu werfen. Es war eine Fotoserie mit Abbildungen einzelner Yoga-Positionen zu sehen. Unter den Bildern gab es dann jeweils eine kleine Anleitung dazu.

Es wurden unter anderem der herabschauende Hund, Krieger 1 und 2, Kobra und das Boot abgebildet. Ich blätterte einige Seiten vor und zurück und suchte eine kleine Aufwärmsequenz. Auch der Hinweis fehlte völlig. Ich fand auch keinerlei Text dazu, für welche Zielgruppe diese Übungen geeignet waren. Auch die ganzheitliche Wirkung des Yoga wurde nicht mit einem Wort erwähnt.

Das macht Yoga doch schon beliebig und austauschbar, wie ich finde. Du kannst genauso gut Pilates oder Zumba trainieren, um deinen Körper zu formen. Yoga erreicht dich auf körperlicher, mentaler und geistiger Ebene. Das ist doch das Besondere an Yoga. Das fehlte in dem Bericht ja völlig.

Ehrlich gesagt fand ich den Artikel auch ziemlich fahrlässig. Gerade für Untrainierte können einige Yoga-Haltungen aufgrund von fehlender Flexibilität und zu wenig Kraft schwierig sein. Anfänger brauchen eine professionelle Anleitung, um Verletzungen zu vermeiden. Das Praktizieren zu Hause mit solchen Abbildungen birgt gerade für den Ungeübten zu große Gefahren. Nehme ich als Beispiel den herabschauenden Hund, liegt es ganz klar auf der Hand, dass der Praktizierende Kraft in den Armen braucht, um diese Asana zu üben und zu halten. Es kann zu üblen Verletzungen kommen, wenn das nicht berücksichtigt wird. Durch unseren modernen Alltag verbringen wir die meiste Zeit im Sitzen. Wir sitzen im Auto und fahren zur Arbeit oder zum Einkaufen. Wir verbringen oft eine lange Zeit im Büro. Abends suchen wir die Entspannung auf dem Sofa. So sieht es in vielen Haushalten aus. Durch diese Bewegungsarmut sind unsere Hüftgelenke unbeweglich und viele Körperregionen verkürzt. Dann kann es bei bestimmten Bewegungen, die unser Körper nicht gewöhnt ist, zu Verletzungen kommen.

Der Körper muss über einen längeren Zeitraum mit ausgewählten Übungen gestärkt, gedehnt und aufgebaut werden. Gerade bei Ungeübten ist eine gute Vorbereitung sehr wichtig. Zum Thema Verletzungen durch Yoga gibt es einige Artikel im Netz zu lesen. Einen Artikel fand ich sehr beeindruckend über einen Orthopäden, der auch Yogatherapeut ist und seine Patienten an die heilende

Wirkung des Yoga heranführen wollte. Er stellte dann aber fest, dass viele seiner Patienten, ca. 20 bis 30%, sich beim Yoga verletzt hatten. Yogalehrer waren auch dabei, weil sie oft sehr intensiv übten.

Oft liegt es gerade bei Anfängern und Einsteigern am übertriebenen Ehrgeiz. Ich habe in den letzten Jahren einige Schnupperstunden besucht. Einige Teilnehmer hatten sich durch übertriebenen Ehrgeiz üble Verletzungen zugezogen.

Bei der Suche nach dem richtigen Yogakurs habe ich verschiedene Schulen für mich ausprobiert. Viele Yogalehrer waren sehr gut, aufmerksam und rücksichtsvoll. Sind auf jeden einzelnen Schüler sehr genau eingegangen. Bei Praktizierenden mit körperlichen Einschränkungen wurden Varianten gezeigt. Es fanden Vorgespräche über Erkrankungen und Besonderheiten statt.

Es gab allerdings auch weniger gute Lehrer, die keine Rücksicht auf körperliche Einschränkungen bei einzelnen Schülern genommen haben. Alle Schüler waren übungstechnisch für den Lehrer gleich. Ein Lehrer sagte zu mir. „Da ist aber noch mehr drin. Gehe noch weiter in die Dehnung hinein.“ Ich vertraute ihm und hatte wochenlang wirklich schlimme Rückenschmerzen.

Du alleine entscheidest, wo deine Grenzen sind. Nur du alleine kennst deinen eigenen Körper. Du bist dein eigener Lehrer. Kein Lehrer darf dir sagen, dass da noch mehr drin ist.

Mir ist es damals genauso passiert. Ich war blutiger Anfänger. Diese eine Stunde hat mich geprägt. Ich hatte damals keine Lust mehr auf Yoga! Aber zum Glück bilden die schwarzen Schafe eine absolute Ausnahme! Das möchte ich an dieser Stelle noch mal betonen. Viele Yogalehrer sind mit großem Herz dabei.

Wichtig für dich ist einfach, dass du dir von keinem Yogalehrer erzählen lässt, dass du noch mehr in die Dehnung gehen kannst. Und du solltest auch beachten, wenn du mit Yoga anfangen möchtest, dass dich dein Lehrer nach deinem gesundheitlichen Zustand befragt.

Wenn ich damals einen neuen Lehrer bekam, manchmal auch als Vertretung, dann habe ich im Vorfeld abgeklärt, dass ich bestimmte Asanas aus gesundheitlichen Gründen nicht praktizieren kann. So konnte sich der Lehrer darauf einstellen. Einige Lehrer zeigten mir dann Varianten, die ich ohne Probleme praktizieren konnte.

Um ein Verletzungsrisiko auszuschließen, solltest du auch wirklich lernen, deine körperlichen Grenzen zu akzeptieren. Am Anfang war das bei mir auch nicht einfach. Ich wollte mit den anderen Übenden mithalten können. Sie praktizierten zum Teil schon lange Zeit Yoga und waren auch in einer viel besseren körperlichen Verfassung, als ich es war. Auch da war mein Hang zum Perfektionismus sehr deutlich zu bemerken. Ich kann mich noch gut daran erinnern, dass ich zu meinen Anfangszeiten oft nach links und rechts geschaut habe, um zu sehen, wie tief meine Nachbarin in die Vorbeuge kam. Ich war immer so erstaunt, dass sie bei Paschimottanasana mit dem Bauch auf ihren Oberschenkeln lag. Ich kam gerade mal leicht in die Vorbeuge. Mehr war einfach nicht drin. Tja, und wenn man dann wie ich zum Ehrgeiz neigt, dann kannst du dir ja vorstellen, wie ich mich am Anfang gefühlt habe. Vor allem, weil die gelenkige Dame bereits über 60 Jahre alt war. Mit dem Unterschied, dass sie schon Jahrzehnte Yoga praktizierte und auch ihr Körper dadurch einfach flexibler war. Ehrlich gesagt komme ich bis heute nicht viel weiter in die Vorbeuge. Es ist bei mir aus anatomischen Gründen einfach nicht mehr drin. Heute akzeptiere ich meinen Körper so, wie er ist. Ich bin jeden Tag dankbar dafür, dass er funktioniert.

Es hat wirklich lange bei mir gedauert, bis mir klar war, dass ich mit diesem Hang zum Perfektionismus und diesem verbissenen Ehrgeiz bei Yoga nicht weiter komme, so wie bei allen anderen Dingen im Leben.

## Die kleine Hütte am See

Wir saßen zusammen am Frühstückstisch und schmiedeten Pläne für das bevorstehende lange Wochenende.

Das Wetter sollte super werden und so beschlossen wir kurzfristig, am nächsten Tag an die Nordsee zu fahren.

Nach dem Frühstück setzte ich mich an den Schreibtisch und packte meine neue Lieferung der Akademie aus. Während ich meine neue Box mit den Studienheften 7 bis 12 sortierte, überkam mich plötzlich so ein unangenehmes Gefühl. Das erste Halbjahr war wirklich gut für mich gelaufen. Der Lehrgang war sehr intensiv. Es machte mir bis jetzt Spaß. Aber der Gedanke, dass ich jetzt noch mal mindestens ein halbes Jahr vor mir hatte, löste in mir so eine große Unlust aus. Ich ignorierte diesen Ausbruch von negativen Gedanken und freute mich jetzt einfach auf ein paar Tage Nordsee. Routiniert wurde die Reisetasche gepackt.

Am nächsten Tag fuhren wir los. Während der Fahrt dachte ich über die letzten Jahre nach. Bevor ich diese chronischen Schmerzen bekam, sind wir viel in den Süden geflogen. In der schlimmen Schmerzphase war es leider nicht mehr möglich. Auch längere Autofahrten waren für mich damals kaum ohne Schmerzen machbar. Es dauerte Jahre, bis ich wieder ohne Probleme länger im Auto sitzen konnte.

Seitdem fahren wir immer an die Nordsee. Wir fühlen uns dort sehr wohl. Die Luft tut uns einfach gut. Ich liebe das Meer und den warmen Wind im Sommer, wenn ich am Strand spazieren gehe.

Auch der Herbst ist besonders reizvoll für mich. Ich mag diesen rauen Wind und gerade die ersten Stürme, wenn sie über die Küste fegen. Ich bin fasziniert von dem sich immer verändernden Wolkenspiel. Wenn ich dann nach einem Spaziergang in eine gemütliche Teestube einkehre und diesen herrlichen Ostfriesentee schlürfe, ein totaler Genuss. Eine Tasse Tee genießen ist für mich wie Meditation. Du gibst erst ein Stück Kandis in die Tasse. Danach gießt du ganz langsam den heißen Tee drüber. Du hörst jetzt ein leichtes Knistern. Für das Farbenspiel sorgt dann ein kleiner Schuss Sahne. Bitte nicht umrühren! Die unterschiedlichen Geschmacksnuancen musst du auf dich wirken lassen. Erst schmeckst du die Sahne. Danach genießt du die herbe Note des Tees. Die Krönung bildet dann die Süße des Kandis.

Überhaupt sind die maritimen Köstlichkeiten einfach unschlagbar. Sobald wir in Varel angekommen sind, ist unsere erste Station ein kleiner Fischimbiss am Hafen. Wir sitzen bei gutem Wetter direkt am Wasser und genießen leckere Fischbrötchen und ein frisches Bier dazu. Die Besitzer kennen uns mittlerweile gut und so stauben auch unsere Hunde ein besonderes Leckerli ab. Ab da beginnt der eigentliche Urlaub!

Auch an diesem Tag fuhren wir an unsere Fischbude. Die Fahrt über hatte ich so viel über die letzten Jahre nachgedacht, dass die Zeit bis zum Urlaubsziel nur so verflog. Wir suchten uns ein schönes Plätzchen direkt am Wasser und genossen unsere Fischbrötchen. Die Hunde ruhten sich auch von der Fahrt aus.

Nach dem Essen fuhren wir zum nächsten Discounter und deckten uns mit den nötigsten Lebensmitteln für die kommenden Tage ein. Es fällt uns bei jedem Besuch an der Nordsee wieder auf, wie ruhig und entspannt die Menschen dort sind. Die Kassierer im Geschäft nehmen sich die Zeit, noch einen netten Plausch mit jedem zu halten. Da regt sich auch niemand auf, dass es nicht sofort weitergeht.

Ja, dieses platte Land ist uns mit der Zeit richtig ans Herz gewachsen. Es gefällt uns so gut, dass wir uns eine kleine Hütte gekauft haben. Es ist kein Luxus. Sie ist klein und mit dem nötigsten ausgestattet. Wir haben es uns nach unserem Geschmack gemütlich eingerichtet. Für die Hunde ist diese Hütte auch perfekt. Sie haben einen kleinen Garten, in dem sie dann nach Lust und Laune herumtoben können. Das eigentliche Highlight jedoch ist die Lage der Hütte. Sie liegt nur wenige

Gehminuten von einem See entfernt. Der See ist umgeben von einem kleinen Wald. Einige schöne Hütten liegen direkt am See. Sogar einen kleinen Sandstrand gibt es dort.

Nach dem Einkauf der Lebensmittel fuhren wir direkt Richtung Hütte. Immer geradeaus auf einer Landstraße entlang durch kleine Dörfer und an großen Feldern vorbei. Dann endlich bogen wir rechts ab und fuhren weiter auf einer schmalen Straße, umgeben von Wiesen und Wäldern, bis wir an einem großen Tor standen.

Dieses Tor hat für mich inzwischen symbolischen Charakter. Nur die Besitzer von den Häusern dürfen auf dieses Gelände, weil es in den Jahren zuvor zu einigen Einbrüchen gekommen war. Wir schlossen das Tor auf. Wir fuhren in das Minidorf hinein und schlossen das Tor hinter uns wieder sorgfältig zu. Mit Symbolik meine ich, dass der ganze Stress, Ärger, Sorgen der letzten Wochen draußen bleiben muss. Diese Dinge haben dickes Eintrittsverbot!

Hinter dem Tor warten Entspannung, Entschleunigung, schwimmen im See, gutes Essen, Spaziergänge im Wald. Und das Beste für mich ist, dass ich mein Handy eigentlich auch gleich vor dem Tor liegen lassen kann. Es zeigt mir noch die Uhrzeit an oder erfüllt als Kamera seinen Zweck. Das Netz funktioniert in dem Minidorf nicht. So bist du für die Außenwelt nicht erreichbar. Am Anfang war es zugegebenermaßen sehr befremdlich für mich. Mittlerweile finde ich es klasse. Also verbringen wir unseren Urlaub inklusive Digital-Detox-Kur.

Die Hunde waren auch wieder ganz aufgeregt. Beide sprangen wie Flummies im Auto auf und ab. Sie kullerten aus dem Auto heraus und rannten in den Garten. Wir konnten jetzt in Ruhe die Lebensmittel in den Kühlschrank legen, die Reisetaschen auspacken. Danach saßen wir entspannt auf der Terrasse und genossen die Sonnenstrahlen. Ehrlich gesagt waren wir etwas platt von der Anreise und so machten wir uns noch ein einfaches Gericht aus Bratkartoffeln und Spiegeleiern mit ein paar Krabben drauf. Nach dem Essen liefen wir mit den Hunden noch zum See. Dieses Minidorf erinnert mich zum Teil an eine kleine Ausgabe von Dänemark. Kleine rote Holzhäuser mit liebevoll angelegten Gärten. Es gibt auch andere Gärten, die mir aber zu ordentlich sind. Ich mag es da doch lieber etwas wilder und ursprünglicher.

An diesem Wochenende war einiges los. Viele Besitzer kommen dann aus Oldenburg oder Wilhelmshaven und verbringen dann die Wochenenden am See.

Am nächsten Morgen saßen wir ziemlich früh schon auf der Terrasse und ließen es uns bei einem ausgiebigen Frühstück richtig gut gehen. Die

Hunde lagen in ihren Körben und schliefen noch eine Runde.

Nach dem Frühstück fuhren wir dann nach Dangast. Das verträumte Fischerdorf liegt nur 10 km von unserer Hütte entfernt. Es ist mein absoluter Lieblingsort. Wir fuhren erst einmal zum Kurhaus. Es liegt ganz idyllisch unter Bäumen versteckt. Seit 1884 im Familienbesitz liegt das Kurhaus auf einem Geestrücken oberhalb vom Deich. Du hast einen tollen weiten Blick auf den Jadebusen und das Wattenmeer. Direkt vor dem Kurhaus befindet sich ein wunderschöner kleiner Sandstrand.

Aber auch im Herbst hat dieser Ort für mich eine mystische Ausstrahlung. Wenn man an einem kalten Tag in dem Kurhaus sitzt und einen hausgemachten Eintopf genießt. Draußen ziehen die Nebelschwaden am alten Gemäuer vorbei und legen sich langsam wie ein Schleier über die Küste. Dadurch entstehen wunderschöne leicht gruselige Naturaufnahmen.

Diese urigen dicken Bäume und das alte Backsteingebäude sorgen für diese einmalige Stimmung. Das Kurhaus war und ist auch noch heute ein Treffpunkt für Künstler. Viele kamen vorbei. Einer hatte aber seinen Lebensmittelpunkt in Dangast gefunden. Der deutsche Maler Franz Radziwill (1895 bis 1983) lebte den größten Teil seines Lebens in Dangast, weil der Ort ihm dort viel Inspiration bot. Sein Wohnhaus ist heute ein Museum.

Wir wollten an diesem Tag aber nicht die Zeit mit Bildung und Kunst verbringen. Es gab einen viel wichtigeren Grund für uns einen guten Platz im Kurhaus zu ergattern. Es war Samstag und es strömten viele Besucher in das urige Café. Beinahe alle Besucher waren aus dem gleichen Grund wie wir hier, glaube ich. Sie wollten ein Stück des legendären Rhababerkuchens genießen. Wir hatten Glück und ergatterten einen guten Platz mit Blick auf das Wattenmeer. Es wurde immer voller. Die Hunde lagen relativ entspannt unter dem Tisch und versuchten ein wenig zu dösen. Ein kleiner Pudel kam freudestrahlend auf Peppi zu und wollte nur spielen. Doch Peppi wollte so gar nicht! Carsten und ich unterhielten uns gerade und hatten nicht aufgepasst. Peppis Gebell schallte durch den großen hohen Raum. Jeany schaute ganz verdutzt aus der Wäsche. Hauptsache mitmachen lautete ihre Devise. Und sie bellte hysterisch mit. Bis jetzt waren wir nicht negativ aufgefallen. Das hatte jetzt wohl ein Ende. Ich verließ schon mal mit Peppi und Jeany den Raum, um den kleinen Pudel aus der Gefahrenzone zu bringen.

Wir spazierten noch am Strand entlang und überlegten schon wieder, was wir uns am Abend kochen könnten. Eigentlich hatte ich den ganzen Tag Hunger. Das lag wohl an der frischen Luft. Wir entschlossen uns dazu, beim Fischkutter ein paar frische Krabben zu besorgen. Wir kauften uns Krabben zum selbst pulen. Der Fischer gab uns einen kleinen Crashkurs, wie das Fleisch schnellstmöglich in einem Stück aus dem Panzer gezogen wird. Eigentlich sah es recht einfach aus. Nach ein paar Versuchen klappte es schon ganz gut. In der Hütte angekommen, verspürte ich große Lust, meine Yogamatte auszurollen. Ich ging zum See. Dort konnte ich immer wunderbar entspannen.

Nach dem Yoga fing ich an, die Krabben zu pulen. Komisch, beim Fischer konnte ich noch das Fleisch in einem Stück herausdrehen. Jetzt waren die Krabben in mehrere Teile zerlegt. Es dauerte einige Zeit, bis ich den Dreh wieder raus hatte. Wir haben bestimmt zwei Stunden gepult. Meine Finger waren ganz verkrampft von dieser Fingergymnastik. Aber dieser Einsatz wurde mit einem tollen Essen belohnt.

Die Tage vergingen wie im Flug. Was besonders toll für mich war. Ich hatte wirklich kaum noch Schmerzen. Mr. Fies hatte im Moment null Chance, sich durchzusetzen. Es schien beinahe so, als ob Yoga ihm die Show stahl. Mir ging es körperlich zumindest sehr gut.

Ich hatte nicht einmal an meine Ausbildung gedacht. Vielleicht war der Kurztrip einfach zu schön. Oder gab es noch einen anderen Grund, warum ich es vermied, über die neue angehende Lernphase nachzudenken?

Zuhause angekommen, ging alles wieder seinen gewohnten Gang. Wir hatten einiges nachzuarbeiten. Carsten verbrachte viel Zeit in der Werkstatt. Es fehlten einige Steinfiguren. Überhaupt hielt er mir in der ganzen Ausbildungszeit den Rücken frei. Auch während meiner wirklich schlimmen Schmerzphasen hat Carsten mich immer wieder aufgebaut und unterstützt. Dafür bin ich ihm sehr dankbar. Anfangs stand er meinem Vorhaben, die Yogalehrer Ausbildung zu machen, ein wenig kritisch gegenüber. Er verstand aber schnell, wie wichtig dieser Schritt für mich war. Hauptsache, ich war glücklich. Yoga bedeutete für ihn Esoterik- und Weiberkram.

Dabei wurde Yoga ursprünglich ausschließlich von Männern praktiziert. Heilige Männer vollzogen außergewöhnliche Übungen, um sich mit den Göttern zu messen oder mit ihnen in Kontakt zu treten. Als nur Weiberkram kann man Yoga also nicht abtun.

Carsten ist ein sehr naturverbundener Bursche, der lieber einen Baum fällt, als wie ein Baum verwurzelt zu stehen. Er hatte vielleicht auch eine gewisse Angst, dass ich mich zu sehr verändern könnte. Wir gehen jetzt 23 Jahre gemeinsam durch dick und dünn. Wir haben viele schöne Dinge erlebt. Natürlich gab es auf diesem langen Weg auch einige schwere Zeiten zu verkraften. Wenn man so lange zusammen ist, muss man aufpassen, dass der Alltag diese wertvolle Beziehung nicht auffrisst.

Glücklicherweise habe ich den Eindruck, dass Yoga eine gewisse Würze in den Alltagsbrei gibt. So sind Carsten und die Hunde meine Trainingsopfer. Es ist ja wichtig für mich zu lernen, eine Yogagruppe anzuleiten.

In der Ausbildungszeit gab es natürlich sehr viele Trainingseinheiten. Ich kann mich noch gut daran erinnern, dass ich meine Haltung bei einigen Asanas überprüfen musste. In meinem wöchentlichen Yogakurs war es nicht immer möglich. Ich wollte ja auch nicht während der Stunde nachfragen. Carsten drehte dann einfach kleine Videos von mir, während ich meine Sequenzen übte. Manchmal kamen sehr lustige Videos dabei heraus. Wir haben wirklich viel gelacht.

Inzwischen praktiziert auch Carsten mehrmals die Woche Yoga. Ich muss dazu anmerken, dass ich ihn auch mit kleinen Tricks ermutigt habe, regelmäßig auf die Matte zu gehen.

Er ist auch ein wenig eitel, was so die Optik am eigenen Körper betrifft. Ich habe ihm erzählt, dass es Yoga-Posen gibt, die bei regelmäßiger Praxis für ein tolles Sixpack sorgen. Okay, auch hier wird der ganzheitliche Aspekt völlig ignoriert. Ja, stimmt. Das macht dann Yoga so beliebig. Ich weiß es doch. Aber manchmal muss man einfach mit einem Appetitanreger dafür sorgen, dass der Hunger von ganz alleine kommt. Ich habe Carsten eine kleine Sequenz zusammengestellt. Gute Entspannungsübungen sind auch dabei. So nähern wir uns auch dem ganzheitlichen Übungssystem allmählich wieder an.

Manchmal üben wir zusammen. Ab und an packt er die Yogamatte wie selbstverständlich lässig unter den Arm und übt dann für sich. Hätte ich ehrlich gesagt auch nicht gedacht, dass es so kommt. Am Anfang musste ich ihn allerdings bei den Bauchübungen auch ein wenig bremsen.

Die Ausführung glich zu sehr einer Übung aus dem Fitnessstudio. Viel zu viele Einheiten und zu schnell in der Ausführung. Anfangs war auch er einfach zu ehrgeizig. Nach einem schlimmen Muskelkater ging Carsten dann sanfter mit sich um.

Apropos Operation Sixpack. Erste Erfolge konnten bereits verzeichnet werden.

## Engelchen und Teufelchen!

Du kennst vielleicht den Song „Jein“ von Fettes Brot. Es ist lange her. Das Lied ist von 1996. Das weiß ich deshalb so genau, weil dieses Lied damals im Radio auf und ab gespielt wurde und in meiner Außendienstzeit der Song ein ständiger Begleiter auf langen Autofahrten war.

Ich habe dieses Lied immer lautstark mitgesungen. Eine Textzeile daraus; „Es erscheinen Engelchen und Teufelchen auf meiner Schulter. Engel links, Teufel rechts: Lechz!“

Ich musste wieder häufiger an dieses Lied denken. Engelchen und Teufelchen saßen jetzt bei mir auf der Schulter und warteten auf ihren Einsatz.

Ich saß an meinem Schreibtisch und schlug mein Studienheft auf. Ich versuchte mit gewohnter Routine meinen Lernstoff zu bearbeiten. Ich konnte mich schlecht auf das Thema konzentrieren, weil ich Zeuge eines inneren Dialoges zwischen Engelchen und Teufelchen wurde. Engelchen gab mir den Rat: „Tina, du bekommst das genauso gut hin wie im ersten Halbjahr. Nur Mut. Weiter so. Du schaffst das schon.“ Teufelchen fiel Engelchen ins Wort: „Du schaffst es eben nicht. Und überhaupt, was soll die ganze Scheiße? Wie willst du denn mit deinen körperlichen Einschränkungen als Yogalehrerin arbeiten? Du kannst weder Kopfstand oder den Schulterstand. Du wirst dich schön blamieren. Freue mich jetzt schon riesig darauf. Da mache ich dann eine fette Party. Du musst jetzt einfach mit dem Mist aufhören. Es reicht jetzt!“ Engelchen flehte mich an: „Nein, du schaffst das! Mach einfach weiter. Lass dir nichts vom bösen Teufel erzählen.“

Das Kopfkino war kaum zu bremsen. Wieso fiel es mir plötzlich so schwer, auf meine Stärken weiter aufzubauen? Warum plötzlich dieser innere Konflikt und Dialog. Das vergangene halbe Jahr war auch wirklich gut für mich gelaufen! Vielleicht zu gut. Ich überlegte ständig, woran es liegen könnte, dass der Spaß und die Leichtigkeit sich einfach langsam in Luft auflösten. Es hatte alles so einen Geschmack von Schwere und Druck. Ich suchte vergeblich nach Gründen. Ich durchbrach die Routine, indem ich meine Lernzeiten änderte. Ich lernte in einem anderen Zimmer. Es war Sommer und die Terrasse diente nun zusätzlich als Schulungsraum. Ich versuchte es langsamer anzugehen. Ich hatte noch Zeit. Ich suchte händeringend nach einer Lösung, alleine aus dem Tief raus zu kommen. Hatte ich zu viel Gas gegeben? War die Luft jetzt einfach schon raus?

Ich schaute mir das Spektakel noch eine Weile an und dann platzte mir der sogenannte Kragen. Ich entschloss mich dazu, mir professionelle Hilfe zu suchen. Und ich hatte auch schon eine Idee. Vor einiger Zeit hatte ich einen Coach kennengelernt. Wir unterhielten uns einige Male. Er hatte eine ruhige Ausstrahlung und war ein guter Zuhörer. Ich war der Meinung, dass er meine Situation objektiv betrachten konnte, weil er mich nicht gut kannte. Ich könnte mich ja auch meinem Partner oder bester Freundin anvertrauen. Ich sehe darin aber die Problematik, dass diese Herzensmenschen alles über mich wissen. Unbewusst würden sie das Problem subjektiv betrachten und zum Teil auch bewerten. Sie wissen einfach zu viel über mich. Platt ausgedrückt, wie ich ticke, wie ich fühle und mit bestimmten Situationen umgehe. Ich brauchte auch jemanden, der mir ehrlich und direkt die Meinung sagt. Freunde wollen dir nicht wehtun. Eigentlich sollten Freundschaften dies aushalten können. Die Realität sieht aber oft leider anders aus.

Kurz entschlossen rief ich den Coach an. Ich schilderte ihm mein Problem. Wir machten einen Termin aus. Einige Tage später saß ich bei ihm im Büro. Wie gesagt, wir kannten uns bereits und so konnten wir direkt mit dem Coaching anfangen. Es ist sehr wichtig, dass die Chemie zwischen dem Coach und Coachee stimmt. Das ist einer der Grundvoraussetzungen für eine erfolgreiche Zusammenarbeit. Ich vertraute ihm. Ich will jetzt nicht zu sehr in die Tiefe gehen. Zusammenfassend war es eine sehr gute Entscheidung für mich, diesen Schritt gegangen zu sein. Der Coach stellte einige Fragen. Ich hatte den Eindruck, dass sich seine Fragen immer mehr an den Kernpunkt angenähert haben. Ich war sehr offen ihm gegenüber und erzählte eigentlich ohne groß nachzudenken. Einfach aus dem Bauch heraus, wie ich in diesem Moment empfunden habe. Dies ist aber auch nur möglich, wenn du ein gewisses Vertrauen aufbauen kannst. Ich muss zugeben, dass einige Punkte auch unangenehm waren für mich. Im Ergebnis war eine Frage dabei, der sogenannte Stachel oder Knackpunkt, wie sich später noch herausstellen würde. Diese Frage lautete: Wo siehst du dich in der Zukunft? Meine Antwort war: Vielleicht arbeite ich als Yogalehrerin! Man achte auf das zaghafte Wort „VIELLEICHT".

Nach der Sitzung war ich sehr erschöpft, auf der anderen Seite aber auch entspannt und glücklich, weil ich wirklich ernsthaft mein Problem angegangen war. Und nicht wie in der Vergangenheit sonst so üblich bei mir die Steck-den-Kopf-ruhig-in-den-Sand-Methode angewendet habe. Ich kümmerte mich also um mein Problem. Ich konnte so dank meines Coaches durch seine gezielten Fragen auch einen Übeltäter entlarven, der für diese ganze Misere verantwortlich war. Ich hatte den Schuldigen gefunden. Meine Lustlosigkeit beim Lernen hatte nichts mit Stress in Beruf oder Partnerschaft zu tun. Der Feind war nicht in der Außenwelt zu finden. Der Übeltäter war nur ICH!

Ich machte mir mein Leben unendlich schwer. Ich versuche es mal kurz zu erklären.

Mein Unterbewusstsein war mir schon mindestens ein halbes Jahr voraus. Es war schon mitten in der Abschlussprüfung und der Zeit danach. Ich sah mich schon als ausgebildete Yogalehrerin. Ich hatte ja meine körperlichen Einschränkungen und wäre so überhaupt niemals in der Lage, als Lehrer arbeiten zu können. So meine wilden Gedankengänge. Deshalb hatte ich diese Unlust, weiter zu lernen, weil es ja für mich völlig sinnlos erschien, so viel Energie zu verballern. Da die Ausbildung auch sehr schwierig ist, sollte ich doch besser aufhören. Es hat doch keinen Sinn, etwas umsonst zu lernen. So die Argumentation meines Unterbewusstseins oder des Teufelchens auf meiner rechten Schulter sitzend. Also ich war gedanklich schon weit in der Zukunft. Mein Ist-Zustand befand sich aber beim Studienheft Nr.7.

Wieso kamen diese negativen Gedanken erst im zweiten Halbjahr? Der Grund war einfach zu finden. Die Prüfung lag noch in weiter Ferne. Andere Dinge standen noch im Vordergrund. Diese negativen Bedenken schliefen noch fest. Jetzt, wo das Ende der Ausbildung immer näher rückte, wachten die frechen Monster auf.

Ich beschloss, die negativen Gedanken wieder in den Tiefschlaf zu versetzen. Der alte Zustand der

Leichtigkeit und Lust musste wieder aktiviert werden.

Die nächsten Tage stellte ich mir immer wieder die Frage: „Woher kommt eigentlich meine fest eingefahrene Ansicht, dass ich nur, weil mein Körper nicht so flexibel ist, niemals unterrichten kann?“ Der Sache musste ich dringend auf den Grund gehen. Auch da bewies sich das Internet als große Hilfe. Ich entdeckte einige Artikel über Lehrer, die auch mit körperlichen Einschränkungen prima ihr Wissen vermitteln konnten.

Es gibt so viele Menschen, die auch körperliche Probleme haben. Sie interessieren sich dennoch für Yoga. Sie sehen Bilder von Yoga-Praktizierenden, die mit flexiblen und gesunden Körpern gesegnet sind und sich wie Brezeln verbiegen können. Das sorgt bei vielen für Verunsicherung. Sie versuchen erst gar nicht, mit Yoga anzufangen. Ich habe ja zu Anfang Ähnliches erlebt.

Ehrlich gesagt ist es für einen Lehrer, der keine Schmerzen kennt, schwierig, sich in die Lage eines Teilnehmers mit körperlichen Problemen hineinzuversetzen. Diese Erfahrungen musste ich selbst machen.

Ich habe gelernt, auf meine körperlichen Bedürfnisse einzugehen, und die Haltungen so verändert und angepasst, dass ich Yoga jetzt richtig genießen kann. Eigentlich sind das doch gute Voraussetzungen, um mein Wissen weiterzugeben. Oder?

Ganz ehrlich! Aus heutiger Sicht betrachtet, sah ich den Wald vor lauter Bäumen nicht.

So weit habe ich damals nicht denken können. Zu fest waren meine Ansichten in meiner Gedankenwelt verankert. Ich musste diesen Stachel endlich herausziehen.

## Ashtanga Marga

„Wann geht es denn weiter? Ich habe nicht ewig Zeit!“

Ich saß im Auto und vor mir war ein nicht endender Stau. Ich war schon den ganzen Tag unter Hochspannung. Es wollte einfach nichts gelingen. Tausend Gedanken schossen mir durch den Kopf. Ich musste noch zum Arzt. Den Termin schaffte ich jetzt nicht mehr pünktlich. Buchführung musste ich auch noch erledigen. Alles auf den letzten Drücker.

Und dann diese Hitze und der Geruch nach Abgasen. Es war alles total unangenehm. Irgendwie quälte ich mich durch den Tag.

Am späten Nachmittag saß ich dann an meinem Schreibtisch. Wesentlich entspannter genoss ich meinen Pfefferminztee. Ich blätterte meinen Ordner durch und blieb an meiner ersten Einsendearbeit hängen. Das Thema war Ashtanga Marga, übersetzt bedeutet es der Achtgliedrige Pfad.

Er bildet einen kleinen Teil einer umfassenden Textsammlung, die bis heute sehr bedeutend für die Yogawelt ist. Der Verfasser des Yogasutras hieß Patanjali. Ein weiser Mann, der zwischen 200 v. Chr. und 200 n. Chr. den Leitfaden niederschrieb. Das Yogasutra besteht aus 195 Sanskrit-Versen. Sanskrit ist die älteste, heilige indische Sprache.

Patanjali vertrat die Meinung, dass wir von Natur aus einen sehr unruhigen Geist haben.

Da konnte ich ihm eigentlich nur zustimmen. Meine Gedanken schienen an diesem Tag zumindest wie kleine Affen von einer Palme zur nächsten zu springen. Es ist ja auch völlig normal, dass wir uns ab und an mit tausenden von Gedanken im Hamsterrad befinden. Auch hier kommt es auf die Dosis an. Wird die innere Unruhe zum Dauerzustand, kann dies zu körperlichen und seelischen Problemen führen.

Patanjali war sich sicher, dass der Mensch diese innere Unruhe mit viel Geduld, Übung und Achtsamkeit zumindest abmildern kann. Der erste Schritt war das bewusste Wahrnehmen dieses unruhigen Zustandes. Für Patanjali war es sehr wichtig, erst die Ursachen zu kennen. So schrieb er die 5 Kleshas nieder. Ich werde sie nur kurz erläutern, damit man so die Zusammenhänge versteht. Klesha bedeutet soviel wie Schmerz, Kummer, Leid.

1) (Avidya) steht für falsches Wissen. Unsere Sicht auf die Welt ist immer subjektiv. Geprägt durch unsere Erziehung, Kultur, Erwartungen, Vorstellungen. Diese Gründe beeinflussen und verhindern eine wirklich objektive Sicht auf die Welt.
2) (Asmita) steht für unser gemaltes Selbstbild. Wissen wir wirklich genau, wer wir sind?

Es sind andere Menschen, die unser Selbstbild gemalt haben. Eltern, Partner, Freunde haben uns zum Teil geprägt und geformt. Wir handeln so bewusst oder auch unbewusst, so wie sie uns oft sehen möchten. Laut Patanjali können wir so unser wahres Ich nicht erkennen.

3) Raga steht für unser fesselndes Verlangen. Wir möchten unbedingt eine bestimmte Sache besitzen. Oft lenkt dieses Verlangen etwas Bestimmtes zu besitzen von den eigentlichen Bedürfnissen nach Zuwendung, Liebe ab.
4) Dvesha steht für unser abwehrendes Verhalten. Wir sehen der Realität ungern ins Auge. Zum Selbstschutz und vor Scham meiden wir die Auseinandersetzung mit der Wahrheit. Für diese innere Abwehr braucht der Mensch viel Kraft und Energie, um seine Seele zu schützen.
5) Abhinivesha steht für unsere tiefe Angst. Wir wissen nicht, was sein wird. Es sind die unerwarteten Lebenseinschnitte, die uns Angst machen. Krankheiten, Kündigung, Scheidung. Die Angst vor dem Sterben.

Laut Patanjali begleiten die Kleshas den Menschen oft mehr oder weniger ein Leben lang. Er ist aber der Meinung, dass durch bewussten Umgang mit den Ängsten zumindest der Schmerz, das Leid, eingedämmt oder abgemildert werden kann.

Eine verstärkte Achtsamkeit von Körper, Geist und Seele bildet die Grundvoraussetzung für ein zufriedeneres und ausgeglichenes Lebensgefühl. Der amerikanische Medizinprofessor Jon Kabat-Zinn hat eine Achtsamkeitsmethode aus Yoga und Meditation weiterentwickelt, die bei Depressionen und Schmerzen hilft. Im Netz findest du einige interessante Berichte darüber.

Nachdem Patanjali die Ursachen für einen unruhigen Geist analysiert hatte, schrieb er eine Art Anleitung mit Lösungswegen für ein zufriedenes und bewusstes Leben. Diese ist zum Teil heute noch hochaktuell. Der achtgliedrige Pfad (Ashtanga Marga) ist wie eine Treppe aufgebaut, die wie erwähnt aus acht Stufen besteht. Jede Stufe ist unverzichtbar und wichtig. Es sind Lösungen für eine gesunde und bewusste Lebensführung. Ich werde die Stufen kurz benennen, die ersten beiden allerdings näher erörtern. Sie sind gerade auf unsere heutige Zeit bezogen von sehr großer Bedeutung.

Stufe 1 – Yama: Umgang mit der Welt
Stufe2 – Niyama: Umgang mit uns selbst
Stufe 3 – Asanas: Körperhaltungen
Stufe 4 – Pranayama: Regulierung des Atems

Stufe 5 – Pratyahara: Regulierung der Sinnesreize
Stufe 6 – Dharana: Konzentration
Stufe 7 – Dhyana: Meditation
Stufe 8 – Samadhi: Verbindung

In der Stufe 1, den Yamas, geht es Patanjali um den respektvollen Umgang mit allen Lebewesen. Der Mensch soll bewusst und rücksichtsvoll mit der Erde und ihren Bewohnern umgehen. Zufrieden sein mit dem Besitz, den er tatsächlich braucht. Er soll nicht nach noch mehr streben.

In meinen Augen war Patanjali schon ein Umweltschützer. Als hätte er es damals schon vorhergesehen, wie fahrlässig wir mit unserem noch wunderschönen blauen Planeten umgehen werden.

Wir leben in einer Zeit, da ist es für uns selbstverständlich, alles zu jeder Zeit zu bekommen. Lebensmittel werden um den halben Planeten geflogen, damit wir auf nichts verzichten müssen. Das Fleisch ist günstiger als Obst und Gemüse. Wir wollen nicht auf den täglichen Verzehr von Fleisch verzichten. Wir sind es bei unserem Einkauf einfach gewohnt, ein breit ausgelegtes Sortiment Fleisch zu günstigen Preisen vorzufinden. Es muss also schnell und billig produziert und nachgeliefert werden. Das geht nur über Massentierhaltung. Bei einer repräsentativen Umfrage für den Ernährungsreport 2018 des Bundeslandwirtschaftsministeriums gaben fast die Hälfte der Befragten an, einen höheren Preis für Fleisch zu bezahlen, wenn die Tiere dadurch bessere Lebensbedingungen hätten. Die Realität sah dann leider anders aus. So wurden in zwei Testregionen Schweinefleisch aus besserer Tierhaltung mit 50 Cent Aufschlag angeboten. Ein Großteil der Verbraucher griff zum günstigeren Fleisch aus konventioneller Tierhaltung.

In meiner Kindheit gab es bei meinen Eltern nur Sonntags Fleisch. Es war immer etwas Besonderes, denn Fleisch war teuer. In der Woche gab es Lebensmittel, die gerade saisonbedingt zur Verfügung standen.

War das Leben deshalb unerträglich? Nein, ganz im Gegenteil! Wir haben Lebensmittel geschätzt. Heute ist es für uns selbstverständlich, alles und zu jeder Zeit zu bekommen. Ich glaube einfach, dass wir aus diesem Grund nicht mehr in der Lage sind, Fleisch wirklich zu schätzen. Meine einzige Frage diesbezüglich und zum Wohl der Tiere lautet: Müssen wir jeden Tag Fleisch essen?

Patanjalis Satz, füge anderen Lebewesen kein Leid zu, hinterlässt gerade in der heutigen Zeit in Bezug auf Massentierhaltung bei mir einen besonders tiefen und ergreifenden Eindruck.

Die Sammlung von Handlungsvorschlägen lässt sich problemlos in unsere Zeit übertragen.

Wir sind gierig nach Erlebnissen. So können wir für billig Geld eben mal für einen Kaffee nach Paris fliegen. Wie wäre es mit einem günstigen Trip für drei Tage nach New York eben mal zum Shopping? Worte wie Klimawandel, Treibhaus-Gase, CO2-Ausstoß kommen mir wie leere Worthülsen vor.

Wir streben nach Perfektionismus. Wir möchten immer mit der neusten Technik und den absoluten Trend ausgestattet sein. Ein Bekannter, der auf einem Entsorgungshof arbeitet, erzählte uns, dass dort jeden Tag voll funktionstüchtige Elektrogeräte wie Kühlschränke, Kaffeemaschinen, PCs, Fernseher auf dem Müll landen. Das ist doch Irrsinn. Nur weil die Geräte nicht mehr dem neusten Technikstand entsprechen, werden sie entsorgt. Man kann ja mal kurz hochrechnen, welche Anzahl an funktionsfähigen Geräten in Deutschland auf dem Müll landen. Es landen auch Dinge auf Entsorgungshöfen, weil der Verbraucher aufgrund der ausgeklügelten Technik mit den Geräten nicht klarkommt. Das ist Verschwendung pur. Die Industrie freut es. So kann schön nachproduziert werden und der Kreislauf beginnt von neuem.

Patanjalis Satz, beschränke dich auf den Besitz, den du tatsächlich brauchst. Das war bestimmt nicht so wörtlich gemeint, Dinge, die noch funktionieren, zu entsorgen.

Anders ausgedrückt: Müssen wir jedem Trend hinterher jagen? Können wir nicht einfach mit dem, was wir gerade besitzen, zufrieden sein?

Solange wir nichts an unserer Einstellung ändern wollen, werden wir zuschauen müssen, wie unser schöner Planet langsam zerstört wird. Jeder Einzelne von uns kann durch achtsamen Umgang mit der Umwelt und dem eigenen Konsumverhalten einen Beitrag dazu leisten, dass es der Erde und damit noch vielen Generationen nach uns gut geht.

Die Niyamas hingegen sind sozusagen Lösungsvorschläge für ein zufriedenes, gesundes und bewusstes Leben.

Laut Patanjali sollst du auf deine Reinheit von Körper und Geist achten. Den Fokus nicht auf dein Äußeres legen, sondern vielmehr deine innere Stärke immer weiterentwickeln und ausbauen.

Gerade in der heutigen Zeit ist es wichtig, einen Ausgleich zum stressigen Alltag zu finden. Das kann die Ausübung einer bestimmten Sportart sein oder, wie in meiner Geschichte, regelmäßige Yogapraxis. Hauptsache, du machst etwas Gutes für dich selbst. Wenn du regelmäßig Sport treibst, dann änderst du auch oft deine Ernährungsgewohnheiten. Du ernährst dich gesund. Nach dem Sport setzt dann die Entspannung ein. Du bist zufrieden. Deine Gedanken sind klar und geordnet.

Mit Patanjalis Worten ausgedrückt kümmerst du dich um deine Reinheit von Körper und Geist. Es ist Ausdruck von Selbstliebe, darauf zu achten, dass es dir körperlich und geistig gut geht.

Durch die regelmäßige Übungspraxis entwickelst du mehr Energie, innere Stärke und ein besseres Körpergefühl.

Du bist gestärkt gegen die Angriffe von der Außenwelt. Das hört sich jetzt wieder wie aus einem Science-Fiction-Film an. Mit Außenwelt meine ich z.B. Menschen, Situationen, die dich stressen. Ich habe da auch so meine Erfahrungen gemacht. Hatte ich früher Ärger in meinen Job mit Vorgesetzten oder Kollegen, war ich tagelang so niedergeschlagen. Ich habe mir so viele Gedanken gemacht. Ich hatte schlaflose Nächte. Es war wirklich schlimm.

Jetzt bin ich viel selbstbewusster. Mich kann so schnell nichts umschmeißen. Ehrlich gesagt, weiß ich nicht, wo ich heute ohne Yoga stehen würde. Das will ich mir auch nicht weiter ausmalen.

Es kann irgendeine Sportart sein, die dich begeistert. Es geht darum, dass es dir Kraft und Energie für den stressigen Alltag gibt.

Laut Patanjali trägt auch eine heitere Gelassenheit zu mehr Lebensqualität bei. Du sollst dein Leben schätzen, so, wie es ist. Einfach zufrieden sein mit dem, was du hast.

Durch Medien, Werbung, Social Media werden wir immer dazu animiert, irgendwelche unwichtigen Dinge zu kaufen. Es ist wirklich schwierig, den Versuchungen der Werbung zu widerstehen.

Wir sehen auf Facebook und Instagram, wie schön und perfekt das Leben der anderen ist. Wir sind beeindruckt von Liebespaaren, so schön und wie gemeißelt sehen sie aus. Sie rekeln sich an den schönsten Stränden. Sie lassen uns teilhaben an einem scheinbar wundervollen Leben voller Glanz und Gloria. Sie besitzen tolle Autos, Häuser, Boote. Sie haben viele schöne Freunde und genießen diese tolle Welt. Jetzt soll ich also mit dem zufrieden sein, was ich habe? Ist schwierig! Oder? Es steigt ein Anflug von Neid auf! Es ist so. Jetzt erst einmal tief durchatmen. Davon abgesehen wissen wir alle, dass es sich bei Facebook und Co. oft um perfekt inszenierte Scheinwelten handelt. Stimmt! Das Argument reicht noch nicht. Hast du Lust, diese perfekte Inszenierung jeden Tag aufs Neue aufrecht zu erhalten? Würde dich dieser Zustand wirklich glücklich machen? Ich kann jetzt nur von mir sprechen. Ich war jahrelang im Außendienst tätig. Da gab es noch kein Facebook. Ich begegnete vielen Menschen, die in ihren Scheinwelten lebten. Sie fuhren tolle Autos und wohnten in schicken Häusern. Sie besuchten uns auf den Messen. Ich bewunderte diese Menschen. Im Laufe der Zeit bröckelten die perfekten Fassaden. Viele sind im wahrsten Sinne des Wortes untergegangen. Sie hatten auf zu großem Fuß gelebt. Im Ergebnis war alles weg. Es wurde viel geredet und es sprach sich schnell auf den Messen herum. Das war mein persönliches Facebook damals.

Zufriedenheit oder auch eine heitere Gelassenheit dem Leben gegenüber ist wirklich manchmal nicht so einfach. Ich reflektiere meine Situation ab und an. Bin ich noch glücklich und zufrieden?

Ich bedanke mich jeden Tag dafür, dass es mir gesundheitlich gut geht. Ich verstelle mich nicht. Ich bleibe authentisch und lebe so, wie ich mich wohl fühle. Für mich bedeutet das im Klartext, ich habe mein Leben noch mal umgestaltet. Vor nicht allzu langer Zeit habe ich damit angefangen, mein Leben zu entrümpeln. Ich habe mich in vielen Dingen nicht vergrößert, sondern verkleinert. Wir trennten uns von dem großen Haus und zogen in ein kleineres. Den Innenbereich habe ich nur mit dem Nötigsten ausgestattet. Wird aber noch mehr reduziert. Damit bin ich noch nicht fertig. Früher habe ich zu jeder Jahreszeit alle Räume dekoriert. Es wurde mir irgendwann zu viel. Ich hörte damit auf, irgendwelche nutzlosen Dinge zu kaufen. Jetzt ist alles einfach und klar strukturiert. Das bringt Ruhe.

Ganz wichtig! Gehe möglichst schuldenfrei durch das Leben auch wenn es Verzicht bedeutet.

Auf jeden Fall hast du an innerer Freiheit dazugewonnen und lebst unabhängig.

Dadurch, dass viele Bereiche in meinem Leben verkleinert wurden, habe ich jetzt Freiraum für die wirklich wichtigen Dinge. Das ist mein ganz persönlicher Schlüssel für ein glückliches Leben. Und das ist auch der Grund, warum ich zufrieden bin mit dem, was ich habe.

Wir kommen jetzt zur Disziplin und Willenskraft, den TAPAS.

Du hast ein bestimmtes Ziel. Setze all deine Kraft und Energie für diese Sache ein. Man kann es auch anders ausdrücken. Du entwickelst so eine starke Leidenschaft dafür, dass du quasi innerlich für diese Sache brennst. Dafür nimmst du auch unangenehme Hindernisse und Rückschläge in Kauf. Du fällst hin und stehst wieder auf. Du solltest dich trotz Niederlagen immer wieder der Sache widmen. Dabei nicht überfordern, aber auch nicht unterfordern. Das innere Feuer wach halten. Auch wenn es manchmal schwer fällt. Bewahre deine kindliche Neugier und die bedingungslose Begeisterung für deine Sache.

Seitdem mir der Orthopäde zu Yoga geraten hat, bin ich nahezu täglich auf der Matte. Es waren damals allerdings noch andere Beweggründe meine Übungen zu praktizieren. Ich wollte einfach meine Schmerzen loswerden. Im Laufe der Zeit hat sich dann bei mir die Leidenschaft für Yoga entwickelt. Ich kann mir ein Leben ohne nicht mehr vorstellen.

Mein Wunsch, eine Ausbildung zur Yogalehrerin zu machen, wurde immer stärker. Bis dahin hatte ich einige Hindernisse und Rückschläge zu verkraften. Bis zum Ende der Ausbildung war es nicht sicher, ob ich es schaffe. Aber ich wusste, dass ich alles dafür geben würde. Ich habe mich immer wieder an den Schreibtisch gesetzt. Ich war täglich auf der Matte. Ging es mir nicht gut, habe ich weniger geübt. Die Regelmäßigkeit hat mich immer weitergebracht. Und wenn Teufelchen auf meiner Schulter saß, dann habe ich erst recht weitergemacht. Ich glaube einfach, dass ich es geschafft habe, weil ich Yoga liebe und mein Wille so stark war. Mit Patanjalis Worten ausgedrückt, es loderte das innere Feuer in mir. Es war einfach stark genug, um die Hindernisse und Rückschläge zu überwinden.

Mir fällt dazu noch eine sehr beeindruckende Geschichte ein. Ein Sänger wurde trotz einer Sprachstörung ein sehr erfolgreicher Musiker. Seit seiner Kindheit stottert er. Doch wenn er singt und auf den Bühnen steht, dann hört das Stottern auf. Die Musik und der Beifall seines Publikums wirken wie eine Therapie. Durch seine Leidenschaft für die Musik konnte er alle Hindernisse überwinden und hat es so geschafft, ein erfolgreicher Musiker zu sein. Seine Geschichte zeigt mir, wenn du etwas wirklich willst und quasi für die Sache brennst, kannst du trotz Hindernissen alles schaffen!

Der vierte Punkt der Niyamas bezieht sich auf die Selbstreflexion. Für ein zufriedenes Leben ist es wichtig sich selbst zu überprüfen. Lebe ich wirklich das Leben, wie ich es möchte? Oder diktieren andere Dinge, Menschen, Situationen mein Leben? Sei achtsam dir gegenüber und begleite deinen inneren Prozess.

In der heutigen Zeit hetzen wir durch unser Leben. Wir arbeiten unsere Listen ab. Hauptsache wir schaffen, alles unter einen Hut zu bringen. Wir wissen manchmal nicht, was wir wann gemacht haben. Hauptsache, wir haben alles erledigt. Immer schön busy sein ist trendy. Innehalten bedeutet in der heutigen Gesellschaft oft langweilig und träge zu sein.

Fragst du dich nicht manchmal, habe ich heute eigentlich so gehandelt, wie ich es wirklich wollte? Oder habe ich mich bei meiner Entscheidungsfindung und meinem Handeln von Menschen bewusst oder unbewusst beeinflussen lassen. Im privaten Bereich kann das der Partner oder auch die Freundin sein. Ein kleines Beispiel dafür. Deine Freundin und du seid verabredet. Du bist von der Arbeit so fertig und würdest die Verabredung am liebsten verschieben. Du willst deine Freundin nicht enttäuschen und triffst dich mit ihr. Obwohl du hundemüde bist und keine Lust dazu hast. Du handelst in dieser Situation gegen deine eigenen Bedürfnisse.

Die Eltern haben oft noch Einfluss bei gewissen Entscheidungen. Deine Eltern erwarten, dass du dich alle drei Tage bei ihnen meldest, sonst sind sie beleidigt. Damit dies auf keinen Fall geschieht, weil du deine Eltern sehr lieb hast, rufst du sie natürlich alle drei Tage an. Es entsteht aber auch hier ein kleiner Konflikt mit dir selbst. Deine Nachbarin fragt dich, ob du sie schnell in die Stadt fährst, weil sie das Auto heute nicht hat. Klar machst du das. Du hast eigentlich überhaupt keine Zeit dafür. Du willst aber weiterhin die nette Nachbarin bleiben.

Bei deinem Chef ist es schwierig, nach den eigenen Bedürfnissen zu handeln. Das könnte unter Umständen gewisse Konsequenzen haben. Es ist ja nicht nur der eine innere Konflikt, der so entsteht. Nein, es ist die Summe aller Entscheidungen, die du über den Tag getroffen hast, die dir dieses ungute innere Gefühl geben.

Vielleicht wählen wir aber auch den bequemen Weg, um schneller die To-do-Liste abzuarbeiten. Manchmal scheuen wir aber auch einfach den Konflikt und bevorzugen die Harmonie. Auch wenn man selbst nicht hinter dieser Entscheidung steht. Nur um nicht anzuecken.

Es gibt aber auch große Entscheidungen, die man im Leben treffen muss. Da musst du innehalten und bist gezwungen, über dich nachzudenken. Es sind Entscheidungen, die unter Umständen deinem ganzen Leben eine andere Richtung geben. Stelle dir jetzt einfach folgende Situation vor. Eigentlich hast du einen total gut abgesicherten Job. Du hast ein gutes Festgehalt, einigermaßen feste Arbeitszeiten, Firmwagen und viele Urlaubstage. Äußerlich stimmt alles. Aber innerlich bist du unglücklich mit dieser Situation. Du hast dir durch dein geregeltes Einkommen auch einen gehobenen Lebensstil erarbeitet. Du möchtest am liebsten aus diesem Hamsterrad raus und willst Künstler werden. Dein Traum ist es, schöne Bilder zu malen, denn du hast wirklich Talent. Das ist deine Leidenschaft. Da lodert dein inneres Feuer und du merkst, dass du noch lebst. Du stehst also vor der großen Entscheidung. Bleiben und dein Job gibt dir weiterhin eine gewisse Sicherheit. Oder du gehst einen völlig neuen und unsicheren Weg als Künstler. Vielleicht gelingt dir der Durchbruch als Künstler. Es könnte aber auch sein, dass du untergehst.

Erschwerend kommt noch hinzu, dass deine Freunde und Partner dich für fahrlässig und verrückt halten. Du alleine musst dich entscheiden.

Jetzt wirst du gezwungen, über dich nachzudenken. Jetzt geht es wirklich darum, was du wirklich willst. Werden deine eigenen Bedürfnisse siegen oder am Ende doch die Sicherheit, Bequemlichkeit oder die Meinung der anderen?

Dieser innere Konflikt gegen seine eigenen Bedürfnisse zu handeln kostet sehr viel Energie.

Wenn du nur noch funktionierst und deine eigenen Bedürfnisse ständig missachtest, wirst du irgendwann vielleicht bemerken, dass du unter chronischer Unzufriedenheit leiden wirst.

Bevor es eskaliert, solltest du dir regelmäßig die Zeit nehmen, um über dich nachzudenken. Das kann bei einem Spaziergang sein, wo du genügend Ruhe hast, über gewisse Dinge einen inneren Dialog mit dir zu führen.

Wichtig ist ein Ort, an dem du dich wohl fühlst. Manchmal helfen auch ein paar Notizen, um die Gedanken zu sortieren. Es schafft Ordnung in deinem Geist. Du siehst Dinge klarer und strukturierter.

Das Schreiben ist auch für mich ein Werkzeug zur Selbstreflexion. Es ist für mich zur Routine geworden, einige Fragen an mich persönlich schriftlich zu beantworten. Mein kleines Büchlein habe ich auch immer in meiner Tasche, wenn ich unterwegs bin. Manchmal sitze ich in einem kleinen Café und dann sprudelt es aus mir heraus.

Auch meine Geschichte in diesem Buch ist eine Art Selbstreflexion für mich.

Es sind Fragen, die du dir ganz ehrlich beantworten solltest. Bist du glücklich? Wenn nicht, was könnte dich denn glücklich machen? Wer oder was hindert dich daran?

Wie geht es dir? Was läuft gut? Was läuft nicht so gut? Was könnte der Grund sein, warum es nicht läuft? Wie fühle ich mich? Warum fühle ich mich schlecht?

Die Antworten auf die Fragen sollten dir dabei helfen, deine Bedürfnisse und Ziele klarer zu formulieren und die Richtung auch zu korrigieren, wenn es nötig ist. Es ist einfach wichtig, ab und an zu überprüfen, ob der Weg noch stimmt oder geändert werden muss.

Du entwickelst durch die Selbstreflexion auch eine innere Sicherheit, was dir gut tut und was nicht. Du lässt dich auch nicht mehr von der Außenwelt bei deinen Entscheidungen so leicht beeinflussen. Denn du achtest auf deine Bedürfnisse.

Gerade in der heutigen, oft stressigen Zeit ignorieren oder übersehen wir oft unsere wirklichen Bedürfnisse, weil alles, wie wir meinen immer schnell abgearbeitet werden muss. Schlichtweg fehlt uns die Zeit. Dieses Date mit dir selbst ist aber unschlagbar wertvoll. Du solltest dir die Zeit dafür nehmen, über dein Leben nachzudenken.

Laut Patanjali geht es in dem letzten Punkt von Niyama um den Glauben an das Göttliche oder an eine göttliche Kraft.

Ich interpretiere es für mich auf die heutige Zeit bezogen mit dem Vertrauen in das Leben.

Mein Motto lautet immer: Alles wird gut! Einer dieser typischen Kalendersprüche hat mir besonders in der Zeit, in der ich mit meinen Schmerzen klar kommen musste, Kraft und Mut gegeben. Ich habe wirklich immer versucht, positiv zu denken. Es fiel mir manchmal wirklich verdammt schwer, wenn der tiefgehende Schmerz namens Mr. Fies einfach alle positiven Gedanken und Träume mit einem Stich wieder zerstört hatte.

Trotzdem gab es für mich in diesen Momenten so ein Urvertrauen in das Leben. Unzählige Male bin ich gestürzt. Irgendwas hat mich immer wieder wie an Fäden gezogen innerlich aufgerichtet. Vielleicht war es wirklich der feste Glaube und Vertrauen daran, dass irgendwann alles gut wird. Während meiner Schmerzphasen entwickelte ich extreme Zukunftsängste. Oft dachte ich darüber nach, wie meine berufliche Zukunft aussehen würde, wenn die Schmerzen nicht weggehen. Und trotzdem habe ich versucht, einigermaßen positiv zu denken. Ich vertraue dem Leben. Ich habe eine Art Galgenhumor entwickelt, indem ich den Schmerz einen Namen gab. Ich führte zum Teil Gespräche mit Mr. Fies. Ja, ich glaube, chronische

Schmerzen können einen Menschen einfach verrückt machen.

Du kennst das vielleicht auch. Du suchst dringend nach einer Lösung für ein Problem. Du setzt dich dadurch immer mehr unter Druck. Plötzlich ändern sich Dinge oder fügen sich so zusammen, dass sich das Problem in Luft auflöst. War das Zufall? Oder eine glückliche Fügung? Du hast den Eindruck, dass die Dinge so kommen, wie sie kommen sollen. Es wird auch so sein. Wir sollten einige Dinge einfach auf uns zukommen lassen und nicht mit Zwang versuchen, etwas herbeizuführen.

Auf einige Situationen, die passieren, haben wir für uns manchmal auch keine logische Erklärung parat. Die Dinge bleiben ungelöste Akte-X-Fälle.

Ich vergleiche die Niyamas oft mit guten Zutaten für ein Rezept. Ich bezeichne sie als Superfood. Diese Zutaten geben dir viel Kraft, Energie und Ausgeglichenheit und können für ein tolles Lebensgefühl sorgen. Einige der Punkte haben mir persönlich eine Klarheit und Struktur in mein Leben gebracht.

Patanjalis Lösungsvorschläge bilden so einen wundervollen Wegweiser für ein zufriedenes Leben. Probiere es aus!

## Der Sonnengruß ruft!

Ich schaute auf mein Handy. Es war noch früh und ich konnte nicht mehr einschlafen. Ich war mitten im Kopfkino. Die Gedanken sprangen wie kleine Äffchen zwischen den Palmen hin und her. Gestern waren wir mit unserer kleinen Jeany in einer Fachklinik für Augenheilkunde in Dortmund. Ihre Sehkraft wurde immer schlechter. Wir hatten gehofft, dass man durch einen operativen Eingriff ihr Augenlicht retten kann. Die Ärztin hat uns von einer OP abgeraten. Bei alten Hunden sind diese OPs ein zu hohes Risiko. Jeany hätte so gut wie keine Chance diesen Eingriff zu überleben. Wir befassten uns schon eine zeitlang mit dem Thema Blindheit bei Hunden. Carsten und ich trugen Armbänder mit kleinen Glöckchen dran. Jeany arbeitete nun verstärkt mit ihrem Hörsinn und orientierte sich an dem Glockengeräusch. Ihre Angst stand ihr dabei im Weg. Sie war immer ein sehr unsicherer Hund. Sehr schreckhaft und empfindlich Geräuschen gegenüber. Ich kann mich noch gut daran erinnern, wie ein Schlüsselbund sie regelrecht in Panik versetzte. Mit viel Geduld, Liebe, Zuversicht hat sie in vielen Bereichen ihre Angst in den Griff bekommen.

Jeany und Peppi müssen damals in Ungarn schlimme Dinge erlebt haben. Ich bin richtig wütend auf die Menschen, die Tiere respektlos behandeln und ihnen Leid zufügen. Für uns harmlose Situationen waren für die beiden die Hölle. Es dauerte sehr lange, bis sie Vertrauen zu Menschen aufbauen konnten.

Wir trainierten täglich mit Jeany, um sie auf die bevorstehende Blindheit vorzubereiten. Wir versuchten so normal wie möglich mit dieser Situation umzugehen. Sie sollte nicht spüren, wie traurig wir waren. Sie hatte immer dieses Feingespür für Veränderungen. Wir versuchten also, so gut es ging, spielerisch mit der Situation umzugehen.

Diese Gedanken schwirrten mir an diesem Morgen durch den Kopf. Wie würde Jeany mit der Blindheit zurechtkommen? Ich musste mich irgendwie wieder aufbauen. Sie sollte nichts merken und ich wollte einfach versuchen, sie kein Mitleid spüren zu lassen. Ich hatte ihr so viel zu verdanken. Jetzt wollte ich es ihr zurückgeben. So normal wie möglich weitermachen.

Ich nahm also mein bewährtes imaginäres Werkzeug aus dem Koffer.

Nach einer kurzen Nacht entschloss ich mich dazu aufzustehen. Ich rollte meine Yogamatte aus und schnappte mir noch ein Kissen vom Sofa. Und ab ging es auf meine kleine Insel. Ich saß im Lotussitz auf meinem flachen Kissen und legte meine Hände sanft auf die Knie. Langsam schloss ich meine Augen. Ich lenkte meine ganze Aufmerksamkeit auf meinen Atem. Langsam und tief atmete ich durch die Nase ein und aus. Dann zählte ich gedanklich beim Einatmen eins und beim Ausatmen eins. Beim Einatmen zwei und beim Ausatmen zwei usw. bis zehn. Am Anfang war es schwierig, meinen Fokus auf den Atem zu legen. Ich fing noch mal von vorne an und es gelang mir, wieder ruhiger zu werden. Diese anfängliche Schwere, die sich auf meinen Brustraum gelegt hatte, verschwand. Ich konnte wieder gut durchatmen und so mit voller Zuversicht in den Tag starten.

Wenn ich schon morgens mit diesem Kloß im Hals aufwache und diese traurige Grundstimmung in mir spüre, praktiziere ich diese Atemübung und gleichzeitig öffne ich durch den Lotussitz den Hüftbereich. Durch deine sanfte Einatmung fließt Liebe und Energie in den Körper hinein und beim Ausatmen fließt der innere Schmerz heraus. Wenn du im Hüftbereich nicht flexibel genug bist, dann legst du dir mehrere Kissen unter die Knie, bis du entspannt sitzen kannst. Auch unter deinem Gesäß kannst du mehrere Kissen legen. Du sitzt dann ganz entspannt im Lotussitz. Du kennst die Haltung auch als Schneidersitz. Wichtig ist es, dass dein Rücken eine gerade Position einnimmt. Auch zwischendurch fühlt sich diese kleine Auszeit wunderbar an. Wenn sich dein Körper gerade morgens noch etwas steif anfühlt, dann nimm eine für dich bequeme Sitzhaltung ein. Und lenke deine Aufmerksamkeit auf deinen Atem.

Später saß ich am PC und las ein paar E-Mails durch. Es war auch eine Nachricht dabei, auf die ich schon ein paar Tage gewartet hatte. Es war soweit. In 14 Tagen sollte es ab nach Hamburg gehen. Das erste Seminar wartete auf mich. Ich bekam für meine erste Lehrprobe meine Aufgabe übermittelt. Meine Lehrprobe bestand darin, den Sonnengruß inklusive zwei Varianten vor Schülern anzuleiten. Der Auftakt bestand aus einer Anfangsentspannung und den Abschluss bildete eine Endentspannung. Die Lehrprobe sollte 30 Minuten lang sein.

Der Sonnengruß gehört zu meinen Lieblings-Abfolgen. In der altindischen Sprache im Sanskrit wird er „Surya Namaskar" genannt. Es bedeutet übersetzt „die Sonne grüßen". Es gibt verschiedene Varianten des Sonnengrußes. Er besteht aus zwölf Asanas. Er symbolisiert die zwölf Doppelstunden des Tages oder auch die zwölf Monate des Jahres. Bei näherer Betrachtung besteht der Sonnengruß allerdings aus acht Asanas, die dann teilweise wiederholt werden.

Für mich bildet der Sonnengruß ein Ganzkörper-Workout. Er aktiviert den Kreislauf und die Durchblutung. Die unterschiedlichen Standhaltungen, Umkehrstellungen, Rückbeugen, Vorbeugen stärken, dehnen die Bänder, Muskulatur, Sehnen.

Die gesamte Vorder- und Rückseite des Körpers werden intensiv gedehnt. Die Gelenke werden mobilisiert. Die dynamische Abfolge der Asanas kann dir auch bei Verdauungsproblemen helfen. Am Anfang meiner Yogapraxis habe ich jede Haltung einzeln geübt. Später kamen dann einzelne Karanas ( Bewegungsabfolgen) hinzu. Ich fing an den Anfang- und den Schlussteil zu üben und schließlich dann den Mittelteil. Irgendwann konnte ich den Sonnengruß fließend praktizieren.

Später kam die Atemführung zu den einzelnen Haltungen hinzu.

Im Sommer genieße ich immer ein paar Runden auf der Terrasse. Ich fange immer sehr langsam an. Dehne und strecke mich bei jeder einzelnen Bewegung. In der nächsten Runde steigere ich langsam das Tempo. Es ist so wunderbar, weil ich in dieser Zeit wirklich über nichts nachdenke. Der Sonnengruß ist für mich eine Art von Meditation. Er gibt mir auch mentale Stärke und Power. Ohne über die einzelnen Haltungen oder Atemführung nachzudenken, gerate ich in einen schönen Flow. Wie ein Schwimmer, der regelmäßig seine Bahnen durchzieht.

Im Winter wirkt der Sonnengruß wie eine Tasse heißer Glühwein. War ich vorher noch die dicke Frostbeule, so wird mir nach ein paar Runden Sonnengrüße richtig warm ums Herz.

An diesem Tag freute ich mich so richtig über die anstehende Lehrprobe. Tolles Thema, dachte ich. Das würde ich schaffen. Das einzige Problem war meine fehlende Übungspraxis vor einer Gruppe. So fing ich wieder damit an, Selbstgespräche zu führen. Ich stellte mir meine kleine imaginäre Gruppe vor und leitete sie professionell durch die Asanas.

Ich stellte mir meinen Text für die Anfangs- und Endentspannung zusammen. Das ständige Wiederholen des Textes gab mir mehr innere Sicherheit. Gefühle des Scheiterns wollte ich nicht aufkommen lassen. Ich wusste ja, dass mir Prüfungssituationen Angst machen konnten. Früher war das richtig schlimm. Damals bekam ich beim bloßen darüber Nachdenken schon Schweißausbrüche. Ich konnte Wochen vorher schon nicht mehr durchschlafen. Ich habe in der Zeit auch schon mal wegen der Schlafstörungen zu Schlaftabletten greifen müssen. Meine Angst hat mich einige gute Schulnoten gekostet. Ich war wirklich gut vorbereitet, aber irre nervös. Die Nervosität hatte mich regelrecht kopflos gemacht. Alles Gelernte war futsch. Das hat sich die letzten Jahre zum Glück geändert. Meiner Yogapraxis habe ich es zu verdanken, dass ich meine Nervosität so weit im Griff habe. Wie gesagt, ich bin immer noch nervös, wenn Prüfungen anstehen. Das hat sich nicht geändert. Ich versuche aber, mich da selbst zu unterstützen. Ich wende auch kleine Tricks an, die bei mir gut wirken. Ich lasse meine Angst zu. Ich spreche auch mit anderen darüber, dass ich das Problem habe. Früher habe ich immer versucht, meine Angst zu vertuschen. Dabei wurde alles nur noch schlimmer.

Yoga kann nicht deine angeborenen oder später durch irgendwelche Ereignisse erworbenen Eigenschaften wirklich ändern. Wenn du eher ein impulsiver Mensch bist und auch zur Nervosität neigst, dann kann Yoga diesen Charakterzug nicht einfach wegradieren. Und außerdem gehören die Eigenschaften zu dir. Du magst und akzeptierst dich so, wie du bist. Du hast aber mit der Yogapraxis das passende Werkzeug parat, um z.B. bei aufkommender Angst oder Nervosität gegenzusteuern. Du kannst dich dadurch innerlich beruhigen und wieder klarer denken.

Vor meiner Lehrprobe musste ich mir dann selbst versprechen, bis zur Prüfung, so gut es eben geht, die negativen Gefühle nicht übermächtig werden zu lassen. Bis dahin wollte ich mich auf die Prüfung freuen. Wenn dann aber doch plötzlich diese Angst durchschimmern wollte, habe ich Stopp gesagt. Mir hilft die Strategie.

Die zwei Wochen vergingen wie im Flug. Ich buchte mir für mehrere Tage eine kleine Ferienwohnung. Sie lag nur zehn Gehminuten vom Yogastudio entfernt. Es war so weit. Ich saß im Zug nach Hamburg.

Es war noch früh. Ich saß in meiner kleinen gebuchten Ferienwohnung und trank ein Tässchen Kaffee. Es ging mir erstaunlicherweise sehr gut. Ein leichtes angenehmes Kribbeln breitete sich in mir aus. Es war so ein Kribbeln der Freude und auch ein wenig aufkommende Unruhe war jetzt leicht zu spüren. Ich packte meine Tasche und zog mir meine Jacke an. Ich hatte noch Zeit und so schlenderte ich langsam zum Yogastudio. Es war ein schöner Spaziergang an diesem Morgen. Ich war im Studentenviertel gelandet. Alles schlief noch. Vereinzelt kamen mir Leute mit ihren Hunden entgegen. Ich musste leicht lächeln und sofort an meine beiden Racker denken. Ich lief an einer stark befahrenen Straße entlang. Es gab dort viele kleine Bistros, Imbissbuden und Restaurants verschiedener Nationalitäten. Also, verhungern würde ich jedenfalls nicht. Das war ja schon mal ein leichter Trost. Und dann stand ich vor einem Tor. Ich wusste sofort, dass es der Eingang zum Studio war. Ich hatte mir Fotos im Netz angeschaut. Einmal tief durchatmen und rein in das Abenteuer. Ich war die erste Teilnehmerin, die das Studio betrat. Ein leicht erfrischender Duft nach Minze und Zitrone durchzog den Raum. Ich hörte im Nebenraum Geräusche. Meine Dozentin steckte noch in den Vorbereitungen. Ich hatte bis jetzt ja nur über E-Mails Kontakt mit ihr gehabt. Jetzt stand sie vor mir und begrüßte mich herzlich. Mir fiel sofort ihre Fröhlichkeit und Offenheit auf. Ihre Anwesenheit tat mir gut.

Nach und nach kamen auch die anderen Teilnehmer. Es waren acht Frauen zwischen Ende 20 und Mitte 50. Nachdem wir dann auch mental angekommen waren, gab es eine kleine Vorstellrunde. Viele hatten schon Erfahrung im Unterrichten. Jede Teilnehmerin erzählte eine kleine Geschichte. Wie sie zum Yoga gekommen ist. Und wie die Zukunft aussehen könnte. Ich erzählte, dass ich aus gesundheitlichen Gründen mit Yoga angefangen habe. Tja, und auch in der Vorstellungsrunde räumte ich ein, dass ich die Ausbildung nur für mich mache, um mehr über Yoga zu erfahren. Dieser Spruch von mir kommt dir bestimmt aus einem anderen Kapitel bekannt vor.

Die Lehrproben sollten nach der Mittagspause beginnen. Die Dozentin blickte auffordernd in die Runde. „Wer will die Erste sein? Freiwillige vor."

Ich meldete mich sofort. Ich war also als erste Teilnehmerin dran. Ich wollte das so. Wäre ich zu einem späteren Zeitpunkt gestartet, hätte ich mich mit Sicherheit mit den anderen Teilnehmern verglichen. Ich konnte aufgrund meiner fehlenden Praxis im Unterrichten nicht diese gewisse Souveränität aufbringen. Meine Praxis für eine Lehrstunde bestand ja überwiegend aus Selbstgesprächen und Übungseinheiten mit meinem Freund. Wie bereits gesagt, hatten die meisten von ihnen auch schon Erfahrungen im Unterrichten. Da keimte schon eine gewisse Unsicherheit in mir auf.

Tief im Innersten war ich eigentlich nur glücklich, es soweit geschafft zu haben. Der Anflug von Nervosität konnte mir die Freude auch nicht mehr verderben. Ich war sehr gut vorbereitet und war mir auch sicher, dass ich es schaffen würde.

Ich habe gelernt, die Dinge jetzt aus einem anderen Blickwinkel zu betrachten. Ein einfaches Beispiel. Du kannst dich über einen Regentag richtig ärgern. Oder du betrachtest den Tag als einen Segen für die Natur. Du hast die Wahl, ob sich die Gedanken positiv oder negativ entwickeln. Ich wollte kein Risiko eingehen und mit der Startnummer 1 unbefangen in die bevorstehende Lehrprobe gehen.

Die Mittagspause war vorbei und langsam kroch die Anspannung in mir hoch. Sie hatte die ganze Zeit darauf gewartet auszubrechen. Die Dozentin zeigte mir aufmunternd meinen Platz, an dem ich unterrichten sollte. Um meine aufkommende Nervosität in den Griff zu bekommen, legte ich meine kleinen Glücksbringer um mich herum. Ich versuchte mit einem Feuerzeug ein Teelicht anzuzünden. Meine Hände fingen leicht an zu zittern. Ich sprach mir innerlich Mut zu. Ich merkte aber auch, wie meine Knie ganz weich wurden. Mein Hals und Mund wurden plötzlich trocken. Ich hörte meinen Herzschlag. Ich war verdammt nervös. Ich schaute auf die Uhr und blickte meine Dozentin fragend an. Sie nickte kurz und so konnte ich mit meiner Lehrprobe anfangen.

Ich stellte mich der Gruppe vor und gab offen zu, dass ich jetzt ganz schön nervös bin. Sie lächelten mir zuversichtlich zu. Ich startete mit der Anfangsentspannung. Ich weiß noch, dass bei den ersten Sätzen meine Stimme noch leicht gezittert hat. Die Teilnehmerinnen lagen nun in Shavasana in der so genannten Totenstellung. Sie lagen alle so friedlich auf ihren Matten. Ich musste sogar leicht lächeln. So gerne würde ich mich jetzt auch hinlegen und von meiner eigenen Anfangsentspannung in eine relaxte Stimmung gleiten lassen. Ich spürte, wie die Anspannung langsam verschwand. Der Knoten war geplatzt. Ich konnte zunehmend meine gesetzte halbe Stunde mehr und mehr genießen. Klar war meine Probe nicht fehlerfrei. Das wichtigste für mich war, dass ich meine Nervosität in den Griff bekommen hatte und sogar einige Minuten der Prüfung genießen konnte. Die Dozentin und die Teilnehmer gaben ihr Feedback. Ich hatte es gut geschafft. Die Dozentin gab mir noch ein paar Tipps und Anmerkungen zu meiner Lehrprobe. Dieses erste Seminar diente als gute Vorbereitung für die Abschlussprüfung. Meine Lehrerin überzeugte mich davon, den nächsten

Termin für die Abschlussprüfung wahrzunehmen. Ich hatte alle schriftlichen und mündlichen Prüfungen geschafft. Für die Abschlussprüfung wollte ich mir eigentlich noch etwas Zeit lassen. So schnell geht das. Unverhofft kommt eben oft.

Der erste Tag neigte sich dem Ende zu. Ich saß in der kleinen Wohnung und kochte mir noch eine Kleinigkeit. Ich wollte eigentlich schön essen gehen. Ehrlich gesagt war ich nach dem Tag zu erschöpft. Ich genoss noch ein Gläschen Rotwein und dann ging es ab in die Federn.

Am nächsten Tag wachte ich schon sehr früh auf. Ich ging zum Bäcker und kaufte mir zwei Croissants. Wieder zurück, nahm ich mir noch die Zeit für ein langes ausgiebiges Frühstück. Danach zog ich mich schnell um. Und los ging es. Ich schlenderte die mir schon bekannte Straße Richtung Yogastudio entlang. Ich schaute auf die Uhr und hatte noch so 20 Minuten Zeit, bis das Seminar wieder anfangen sollte. So bog ich die Straße links ab. Dort standen viele schöne Jugendstilhäuser. Alle strahlten mit ihren schneeweißen Fassaden um die Wette. Die Straßen waren so unterschiedlich. Nur eine Straße weiter waren die Überreste der letzten Nacht noch in einigen Ecken zu sehen und teilweise auch leider zu riechen. Jetzt schlenderte ich durch eine Straße, so schön wie in einem Bilderbuch. Ich schaute mir gerade ganz fasziniert die Häuser an, da wehte mir ein Duft von Vanille entgegen. Eine elegante Frau, sehr hoch gewachsen, edel gekleidet, spazierte mit einem Dalmatiner an mir vorbei. Sie hatte große Ähnlichkeit mit der Schauspielerin Brigitte Nielsen. Sie war der einzige Mensch, der mir an diesem Sonntagmorgen in Hamburg entgegen kam. Kaum zu glauben in so einer Großstadt. Ganz Hamburg schien noch tief und fest zu schlafen.

Im Yogastudio angekommen trank ich erst mal eine Tasse Tee. Nach und nach kamen auch die anderen Teilnehmer. Heute war die Stimmung schon viel gelöster als am Tag zuvor. Man kannte sich bereits. Wir unterhielten uns und dann fing das Seminar an. Die Dozentin vermittelte den Lernstoff mit so einer Begeisterung und Freude, dass ich die Zeit völlig vergaß. Die Stunden vergingen wie im Flug. Mittags gingen wir gemeinsam in ein indisches Schnellrestaurant. Viele Studenten nahmen wohl an diesem Sonntag ihr verspätetes Katerfrühstück in dem Bistro ein. Die Bude war rappelvoll. Wir ergatterten noch einen großen Tisch. Ich saß neben der Dozentin und so kamen wir ins Gespräch. Sie fragte etwas genauer nach, was ich für gesundheitliche Probleme habe. Sie hörte mir aufmerksam zu. Und sie erzählte mir eine kleine Geschichte über ihren Lieblings-Yogalehrer. Er ist so um die 70 Jahre alt und kann aufgrund von gewissen Erkrankungen mittlerweile nicht mehr alle Übungen praktizieren. Trotzdem ist er ein sehr guter Yogalehrer. Diese Geschichte hat mich stark beeindruckt. Heute glaube ich, dass sie mir mit ihrer kleinen Story meine inneren Zweifel nehmen wollte. Es hat auf jeden Fall etwas in mir ausgelöst. Dieses kurze Gespräch war sehr wertvoll für mich.

**Wahnsinn!**

Das Wochenende ging schnell vorbei. Ich freute mich schon auf Carsten und die Hunde. Montags ging es dann mit dem Taxi zum Bahnhof und ab in den Zug. Drei Stunden später holten mich die drei am Bahnhof in Hagen ab. Es gab viel zu erzählen. Ich kam langsam wieder in den Alltag rein. Nachmittags saß ich wieder an meinem Schreibtisch. Ich blätterte meine Einsendearbeiten durch. Plötzlich wurde mir klar, dass ich seit einem Jahr fast täglich zwei Stunden am Schreibtisch verbrachte. Irgendwie war ich ein wenig traurig. Die Theorie hatte für mich ein Ende. Es gab kein weiteres Studienheft, welches ich bearbeiten musste. Ich habe in dieser Zeit viel über Yoga und auch über mich gelernt. Es gab aber auch Momente, da hätte ich liebend gerne alles an die Wand geklatscht. Ich musste innerlich schmunzeln, während ich das erste Heft durchblätterte. Meine ersten Versuche mit den lustigen Markern. Seitenweise markierte ich alles. Jede einzelne Textstelle war damals für mich wichtig. Ich sollte diese Seiten als lustige Erinnerung schön einrahmen und an die Wand hängen. Oh Gott, wie unstrukturiert und chaotisch ich noch am Anfang gelernt habe. Erst viel später entwickelte ich das richtige Lernsystem für mich. Überhaupt habe ich viel über mich erfahren.

Eine Freundin hat mir mal vor Jahren gesagt, dass Yoga einen Menschen verändern kann. Damals habe ich diese Aussage ehrlich gesagt belächelt. Ich muss zugeben, dass es wirklich zutrifft. Yoga hat mich wirklich verändert.

Ich habe mit der Zeit gelernt, meine geistigen und körperlichen Grenzen zu akzeptieren und mich auch nicht mehr unter Druck setzen zu lassen. Im Kontakt mit anderen gehe ich offener und gelassener um. Ich habe vor meiner Yogazeit viele Dinge nur oberflächlich betrachtet. Heute hinterfrage ich vieles. Gerade auch was in der Welt so passiert. Einiges berührt mich viel mehr als früher.

Ich habe eine innere Stärke und Durchhaltevermögen entwickelt. Ich versuche immer, auch wenn es dann mal schlecht läuft, trotzdem glücklich zu sein und im Hier und Jetzt das Leben zu genießen.

Rückblickend war meine Studienzeit eine echte Bereicherung in meinem Leben.

Bis zur Abschlussprüfung waren es jetzt noch gut drei Monate. Inzwischen wussten auch alle Bescheid über meine Ausbildung. Ich wollte nun meine Yogapraxis im Unterrichten erweitern. Versuchskaninchen ließen nicht lange auf sich warten.

Meine Mutter war mein erstes Opfer. Yoga findet sie eigentlich weniger spannend, aber sie wollte mich gerne bei meiner Ausbildung unterstützen. Sie ist eine sehr sportliche Frau. Im Sommer ist sie fast täglich im Freibad zu finden. Früher ist sie auch viel im Wald gejoggt. Meine Eltern sind beide sehr aktiv. Sie wandern gerne durch die Sauerländer Landschaft. Sie fahren auch zum Wandern in die Alpenregion. Ich kann mich noch gut an meine Kindheit erinnern. Damals bin ich oft sonntags mitgewandert. Als Teenager fand ich das manchmal wirklich nicht so toll. Natürlich wollte ich mich damals lieber mit Freunden treffen, als durch die Wälder zu laufen.

Eigentlich sind meine Eltern, seitdem sie Rentner sind, noch mehr unterwegs. Am Beispiel meiner Eltern sehe ich, dass der Körper durch regelmäßige Bewegung bis ins fortgeschrittene Alter stark und gesund bleiben kann. Meine Eltern sind da Vorbilder für mich. Ich bin auch fest der Meinung, dass sich Bewegungsarmut in jüngeren Jahren im Alter durch Krankheiten des Bewegungsapparates rächen wird.

So fuhr ich also zu meinen Eltern. Mein Vater war auch noch kurz da. Wir unterhielten uns ein paar Minuten. Er fuhr dann aber in die Stadt. Er wünschte uns noch einen schönen Mädelstag.

Da meine Mama noch keine Erfahrungen mit Yoga hatte, erstellte ich im Vorfeld einen Übungsplan für Anfänger. Ich habe mich für wenige, einfach auszuführende Asanas entschieden, mit einer kurzen, leicht verständlichen Anleitung. Ich legte den Fokus vor allem auf die Achtsamkeit. Die bewusste Körperwahrnehmung sollte jetzt den Mittelpunkt der Stunde bilden. Meine Mama ist oft ungeduldig, genauso wie ich. Bei einem Telefongespräch ein paar Tage vor unserer gemeinsamen Yogastunde erzählte sie mir ganz nebenbei, dass sie gerade Yoga auf dem Teppich geübt hätte. Sie konnte es einfach nicht abwarten. Sie hatte in einem Frauenmagazin ein paar nette Übungen entdeckt. Der herabschauende Hund wäre etwas schwierig gewesen. Sie erzählte mir voller Stolz, dass der Krieger 2 ganz gut geklappt hätte. Ja, ich musste sie dann etwas bremsen. Ich war nur froh, dass sie sich keine Verletzung zugezogen hatte. Aber ich kann ihr auch keinen großen Vorwurf machen, weil Yoga überall in den Zeitschriften präsent ist. Es werden ein paar nette Bildchen gezeigt, kleine passende Anleitungen dazu. Über gewisse Risiken wird ja oft nichts angegeben.

Ich habe vor vielen Jahren auch mal ein paar Asanas aus einer Zeitschrift geübt. Bei einer zu breiten Grätsche zog ich mir dann eine richtige Zerrung zu.

Ich fand es richtig schön, mal wieder mit meiner Mama etwas Gemeinsames zu machen. Früher sind wir im Sommer oft mal zusammen ins Freibad gefahren. Durch meine Arbeit im Außendienst war es aus zeitlichen Gründen leider nicht mehr möglich. Umso intensiver konnten wir nun die gemeinsame Zeit genießen. Nach der Stunde saßen wir noch gemütlich bei einer Tasse Kaffee und leckeren Plätzchen zusammen. Ich hatte ihr die Übungen noch mal in Form von kleinen Strichmännchen aufgemalt. So hatte sie eine kleine Gedankenstütze und konnte so die Übungen auch alleine praktizieren. Diese Männchen sind auch meine kleinen Helferlein, wenn ich mir z.B. eine kleine Sequenz ausdenke.

Wir haben noch einige Male zusammen Yoga geübt. Aber meine Mutter sagt mir auch glücklicherweise immer direkt ihre Meinung. Yoga hat ihr mit mir zusammen natürlich Spaß gemacht, aber sie wird selbst nicht weiter üben. Das YOGAHERZ ist bei ihr nicht übergesprungen. Sie sei kein Yogatyp. Das waren ihre Worte. Sie kann z.B. viel besser entspannen, wenn sie eine halbe Stunde schwimmt oder in die Sauna geht. Wir Menschen haben eben unterschiedliche Bedürfnisse. Viele finden beim Fahrradfahren die Entspannung. Andere beim Joggen durch den Wald. Es kann aber auch der Spaziergang an der frischen Luft sein. Jeder probiert sich da aus.

Ehrlich gesagt wurde Yoga bei mir auch erst auf den zweiten Blick zu meiner großen Leidenschaft.

Die Zeit rannte und es waren noch so sechs Wochen bis zu meiner Abschlussprüfung. Es gab aber auch viele Nebenschauplätze. Arbeitstechnisch war viel los. Ich versuchte trotzdem, regelmäßig Yoga zu üben. Ja, und dann war es passiert. Ich bin zu weit in die Rotation mit meinem Oberkörper gegangen. Es geschah beim Drehsitz (Matsyendrasana). Es war nur ein kurzer Moment, an dem ich nicht achtsam war. Ein kurzer Stich an der linken Rippenseite kündigte das Unheil an. Ich versuchte noch langsam aus der Haltung herauszugehen. Vorsichtig atmete ich ein und aus. Da saß der Schmerz wie ein Messerstich in den Rippen. Ich konnte einfach nicht schmerzfrei durchatmen. Mr. Fies hatte sich auf eindrucksvolle Art und Weise zurückgemeldet. Ich versuchte mich innerlich zu beruhigen. Ich war aber so geschockt, dass der Schmerz nach einer so langen Zeit zurückgekommen war. Dann auch noch so kurz vor meiner Abschlussprüfung. Ich war fassungslos. An diesem Tag war ich einfach nur down, zu nichts mehr fähig. Die Schmerzen hatten mich niedergestreckt. Ich war so erschöpft, dass ich nur noch schlafen wollte.

Ich hatte trotz allem gut geschlafen. Am nächsten Morgen fühlte ich mich entspannt und ausgeruht. Ich konnte ruhig und besonnen über die Geschehnisse des Vortages nachdenken. Ich wollte versuchen, diese Situation ruhig anzugehen und nicht in Panik verfallen. Ich verschwendete keinen Gedanken daran, die Prüfung zu verschieben. Ich wollte auf jeden Fall in sechs Wochen nach Hamburg fahren und die Prüfung schaffen. Absagen konnte ich ja immer noch. Ich hatte aber das klare Ziel vor Augen, die Prüfung zum ersten angesetzten Termin zu schaffen. Daran konnte auch Mr. Fies nichts ändern.

Die nächsten Tage habe ich kein Yoga praktiziert. Ich musste meine linke Rippenseite schonen. Ich spürte noch diesen Druck auf der Seite. Ich hoffte einfach, dass es nicht schlimmer werden würde. Vor der Abschlussprüfung gab es einiges noch zu tun. Meinen Fokus legte ich auf die Textsicherheit.

Mit der Yogapraxis fing ich dann 14 Tage später wieder an. Der Schmerz war weg. Aber die Angst war wieder da. Ich startete mit sanften Yogaübungen. Es tat mir sehr gut. Meine Angst konnte ich zulassen. Sie konnte mich aber nicht beherrschen.

Gerade nachts fing mein Kopfkino an. Meine Gedanken drehten sich um die Schmerzen. Eine Frage beschäftigte mich natürlich besonders. Muss ich den Prüfungstermin absagen?

Es hat geklappt. Ich bin nach Hamburg gefahren. Der Schmerz kam nicht wieder. Die Prüfung kann ich mit einem einzigartigen Feuerwerk der Emotionen beschreiben. Es war ein Mixed aus Nervosität, Schwitzanfällen und heißen und kalten Schauern, die mir über den ganzen Körper gelaufen sind. Ich war mir sicher, dass alle Anwesenden meinen Herzschlag gehört haben. Es war einfach unbeschreiblich. Als ich dann wusste, dass ich es geschafft hatte, ist mir nur ein Wort über die Lippen gekommen: Wahnsinn.

Ich war so erschöpft von der ganzen Anspannung, dass ich mich nicht richtig freuen konnte. Ich habe mich mehr innerlich gefreut. Schon Wochen zuvor hatte ich mir diesen Tag immer in den schönsten Farben ausgemalt, wie ich dann meine bestandene Prüfung feiern würde. So wie im Song „Tage wie diese“ von den Toten Hosen. Bei mir verlief der Ausbruch von Freude doch recht nüchtern. Der Freudenrausch brach dann erst Wochen später aus, als ich mein Zertifikat in den Händen hielt.

An meinem Prüfungstag bin ich früh schlafen gegangen. Ich war sehr müde, aber auch glücklich.

Am nächsten Morgen wachte ich dann früh auf. Ich lag noch ein paar Minuten so in meinem kuscheligen Bett und realisierte langsam, dass ich es geschafft hatte. Und da war noch etwas, was mich ein wenig aufwühlte in diesem Moment des Aufwachens.

Was war denn das für ein wilder Traum? Nicht, was du jetzt vielleicht unter wildem Traum verstehst. Ich konnte mich an jedes Detail genau erinnern. Ich stand vor einem großen Platz. Vor mir standen all die Menschen, die mich während der letzten Jahre begleitet haben. Ich erkannte meine Yogalehrer, meinen Orthopäden, meinen Coach mit Hund, meine Dozentin. Komischerweise stand die Brigitte-Nielsen-Kopie aus Hamburg mit ihrem Dalmatiner auch dabei. Das machte die Szenerie ein wenig skurril. Sie alle winkten mir zu. Ich winkte dankbar und glücklich zurück. Ich drehte mich um und spürte ein Gefühl des Loslassens in mir hoch steigen. Ich stand plötzlich an meinem Lieblingsstrand und schaute auf den Holzsteg, der immer unendlich lang erscheint und bis zum Horizont geht. Dieser Traum ist bis heute fest in meiner Gedankenwelt verankert.

Ich genoss die letzten Stunden in Hamburg. Nach dem Frühstück bin ich noch durch die Straßen geschlendert. Es war noch kühl und meine Gedanken waren klar und ruhig. Im Hotel angekommen, trank ich mir noch einen Tee. Gleich mussten Carsten und Peppi um die Ecke kommen. Wir wollten noch ein paar Tage in unserer Hütte verbringen. Unsere Jeany verbrachte die nächsten Tage bei Oma und Opa. Die lange Fahrt wollten wir ihr nicht zumuten. Während der Fahrt zur Hütte ließ ich die letzten Monate gedanklich an mir vorüberziehen. Jetzt freute ich mich auf den Moment und die Tage am Meer. Und trotzdem konnte ich es mir nicht nehmen, den Vorhang mit Blick auf die Zukunft sanft zur Seite zu schieben.

Es duftet leicht nach Zitrone und Minze. Ich stecke noch mitten in den Vorbereitungen. Noch schnell die passende Hintergrundmusik heraussuchen und dann bin ich fertig. Ich stehe in meinem kleinen Yogastudio. Es steigt ein Hauch von Stolz in mir hoch. Seit meiner bestandenen Prüfung sind viele Monate vergangen.

Es gab leider traurige, aber auch schöne Momente, die das Leben ja so ausmachen. Das Leben hat uns wieder gezeigt, dass es aus Licht und Schatten besteht. Dinge unerwartet passieren. Unsere kleine Jeany ist eingeschlafen und einfach nicht mehr aufgewacht. Es war so plötzlich, ohne Anzeichen.

Wir waren alle so traurig, dass alles andere in den Hintergrund rückte. Wir empfinden einfach nur tiefe Dankbarkeit dafür, dass wir eine tolle Zeit mit ihr erleben durften.

Als dieser tiefe Kloß im Hals langsam verschwand, versuchten wir uns weiter abzulenken.

Unser Hexenhäuschen hat einen relativ großen Dachboden. Das Haus ist von 1890 und eigentlich ein Bauernhäuschen. Es wurde dann in den 70ern in meinen Augen eher verunstaltet. Der Dachboden spiegelt den eigentlichen Charakter des Häuschens wider. Der Raum hat eine wunderschöne Steinwand und ist mit dicken Balken versehen. Wir haben ihn dann fachmännisch ausbauen und dämmen lassen. Große Fenster sorgen jetzt für einen wunderbaren Lichteinfall. Alte Elemente wie die Klappläden haben wir in den Raum integriert. Sie sorgen für einen besonderen Charme.

Heute unterrichte ich Yoga im Einzelcoaching. Aufgrund meiner eigenen Geschichte, möchte ich gerade die Menschen für Yoga begeistern, die durch die Medien stark verunsichert sind. Sie sehen sich, wie ich damals auch, Bilder von perfekten, gelenkigen Menschen an. Sie möchten auch gerne Yoga praktizieren, trauen sich aber nicht, weil sie sich als zu unbeweglich, dick, oder zu alt empfinden. Diese Angst möchte ich ihnen gerne nehmen. Es ist für mich eine Herzensangelegenheit, diese Zweifel aus dem Weg zu räumen.

Ich möchte auch weiterhin mein Yoga-Wissen erweitern. In der nächsten Zeit werde ich mich auf die spezielle Form des „Yoga auf dem Stuhl“ weiterbilden. Diese Form richtet sich an all die Menschen, die aus gesundheitlichen Gründen nicht in der Lage sind, die Übungen auf der Matte zu praktizieren.

Mein Ziel ist erreicht, wenn mein Yoga-Schüler völlig entspannt, gestärkt für den Alltag und mit einem wunderbaren Lächeln und strahlenden Augen meine Yogastunde verlässt.